美智子さま

昭和・平成・令和 89年の歩み

別冊宝島編集部 編

宝島社

巻頭グラビア

写真がとらえた あの日の美智子さま

60年以上前の昭和34年（1959）に皇室入りした美智子さまは、多くの「皇室史上初」を行われてきた。

民間出身の皇太子妃、乳人《めのと》制度の廃止、皇后単独での外国訪問、平成流と呼ばれた被災地慰問、そして上皇后へ。

それは誰も歩んだことがない新たな皇室の道でもあった。

「象徴」としての天皇のあり方を模索される上皇陛下をおそばで支えながら、国民に寄り添われてきた美智子さまの「あの日、あの時」を振り返る。

昭和38年（1963）10月11日、東京オリンピックのプレ大会である東京国際スポーツ大会開会式に出席された皇太子さまと美智子さま。皇室には衣装のスタイリストがいるわけではなく、お召し物はすべて美智子さまご自身のコーディネートによるもの。

旅路のはじまり

昭和34年（1959）4月10日、美智子さまは皇室史上初となる民間出身の皇太子妃となった。昭和のシンデレラに憧れた女性たちは、美智子さまのファッションをこぞって真似た。世間がミッチー・ブームに沸く中、美智子さまは、誰も歩んだことがない新たな皇室の歴史を刻む道のりの第1歩を踏み出された。

昭和34年（1959）4月12日、「結婚の儀」の2日後、皇太子さまと美智子さまのご結婚をお祝いするご内宴が開かれた時の記念写真。美智子さまがお召しになっている「唐綿菊葉紋の帯」は、香淳皇后（昭和天皇の后）から受け継がれたものである。

「結婚の儀」を終え、儀装馬車で東宮仮御所へ向かう皇太子さまと美智子さま。ご成婚パレードは史上初めてテレビで生放送された。沿道には53万人もの人々が集まり、おふたりを祝福した。

昭和34年（1959）1月13日、宮中祭祀など皇太子妃教育のための講義を受けられる美智子さま。お妃教育は月曜日から土曜日まで行われ、和歌、憲法、礼儀作法、宮中のしきたりなどを学んだ。朝夕の移動には多くのマスコミが美智子さまにカメラを向けた。

昭和35年（1960）12月、インドをご訪問され、酪農場でミルクを試飲される新婚時代の皇太子さまと美智子さま。インドご訪問で、美智子さまはニスタリー村の村民からティラク（ヒンドゥー教における祝福の装飾としての赤い点）を額につけてもらうなど、人々と積極的に交流された。

妻として寄り添う

皇太子妃となった美智子さまが過ごされた昭和30年代は、日本が高度経済成長に沸き、暮らしが大きく変わる時代でもあった。このような中で、美智子さまは皇室に新たな風を吹き込む。皇室では伝統的に母ではなく乳人《めのと》が育児を行ってきたため、「家庭」を知らない皇太子さまにあたたかい家庭の姿を示された。

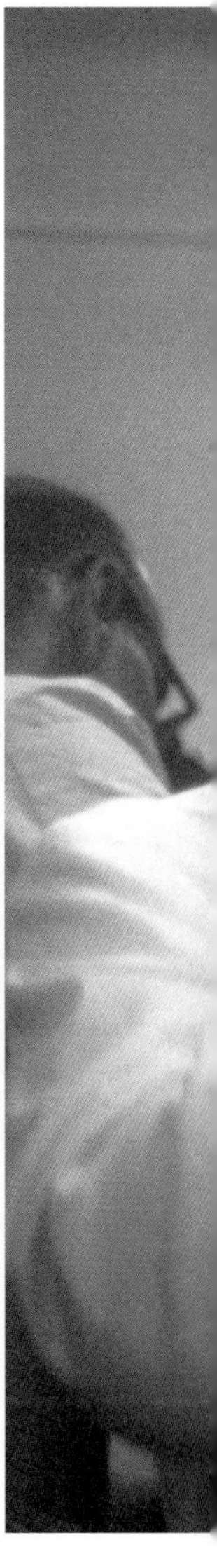

昭和36年（1961）、東宮御所のキッチンでお料理される美智子さま。東宮家の料理は、宮内庁の大膳課が担当するが、「家庭」を知らない皇太子さまのために美智子さまは自ら料理を振る舞われた。得意料理はカレーとビーフストロガノフだという。

お子さまに向けられたまなざし

美智子さまは、浩宮《ひろのみや》さま（現・天皇陛下）、礼《あやの》宮《みや》さま（現・秋篠宮皇嗣殿下）、紀宮《のりのみや》さま（現・黒田清子《さやこ》さん）の二男一女を育てられた。美智子さまは皇室初の病院出産を行い、さらに1000年以上の歴史がある乳人制度を廃止。皇太子さまの助力とともに、公務の合間を縫ってお子さま方の育児を行われた。

昭和41年（1966）11月、浩宮さま（右）と礼宮さま（中央）とともにお手玉をされる美智子さま。平成23年（2011）の東日本大震災では、東京武道館に避難した被災者の女の子が救援物資のお手玉に苦戦するのを見て、自らやってみせて教える場面があった。

昭和51年（1976）、７歳のお誕生日を迎えられた紀宮さまと美智子さま。平成5年（1993）に美智子さまが失声症を発症された際には、紀宮さまが献身的にサポートされた。美智子さまが最初に発せられたささやきは「陛下」と「サーヤ（紀宮清子内親王の愛称）」だったともいわれる。

日本と世界の架け橋に

美智子さまは、皇太子妃から皇后時代にかけて60近くの国々をご訪問されている。皇室外交は政治を超越した立場から親善に努めるもので、過去に行われたご訪問では、第二次世界大戦によって溝ができた相手国の対日感情を大きく変えたといわれる。皇室外交は平和の架け橋となったのである。

昭和35年（1960）、日米修好通商100周年を記念して、美智子さまは皇太子さまとともに初めての外国訪問となるアメリカを訪れた。美智子さまは第一子となる浩宮さま出産から半年での外国訪問だった。左からドワイト・アイゼンハワー大統領、皇太子さま、美智子さま、マミー大統領夫人。

昭和48年（1973）5月、オーストラリアをご訪問された美智子さまは、ブリスベンでクイーンズランド州政府主催の午餐会に出席された。約2週間の滞在中、皇太子さまと美智子さまは各地で要人と会い、教育施設や社会福祉施設などを視察された。

平成2年（1990）11月、「即位礼正殿の儀」を終え、松の間を退出される美智子さま。十二単は、昭和天皇が即位された際につくられたものが代々引き継がれる。美智子さまの十二単も、香淳皇后がお召しになったものを部分的に改修したものである（袴のみ新調）。

平成2年（1990）11月、皇后になられて、一般参賀で国民に手を振られる美智子さま。皇后になられた当初から、美智子さまが宮中で「女帝」として振る舞っているという憶測記事が出され、マスコミのバッシングは激しさを増した。

新時代の国母のお姿

昭和64年（1989）1月7日、昭和天皇が崩《ほう》御《ぎょ》されると、皇太子明仁《あきひと》親王は直ちに践祚《せんそ》（天皇の地位を受け継ぐこと）し、第125代天皇として即位した。これに伴い、美智子さまは民間出身初の皇后となった。1年間の服喪期間を経て、平成2年（1990）に「即位礼正殿の儀」が行われた。即位礼後のパレードでは11万人もの人々が沿道を埋めた。

平成28年（2016）5月、天皇皇后両陛下は、熊本地震から1ヶ月が経った熊本県南阿蘇村を慰問された。両陛下による被災地への慰問は「平成流」と呼ばれ、多くの被災者のこころを励ました。

皇后として国民に寄り添う

平成に大きく変わった皇室の姿として、被災地への慰問と戦地への慰霊がある。天皇は宮中祭祀《さいし》で国民の安寧を祈ってきたが、「菊のカーテン」と呼ばれた宮中に住む皇族は、国民にとって遠い存在だった。平成の天皇皇后両陛下は、この祈りを実際の行動へと変え、被災者に寄り添って励ましのお言葉をかけ、多くの人々が亡くなった遠い戦地に足を運ばれた。

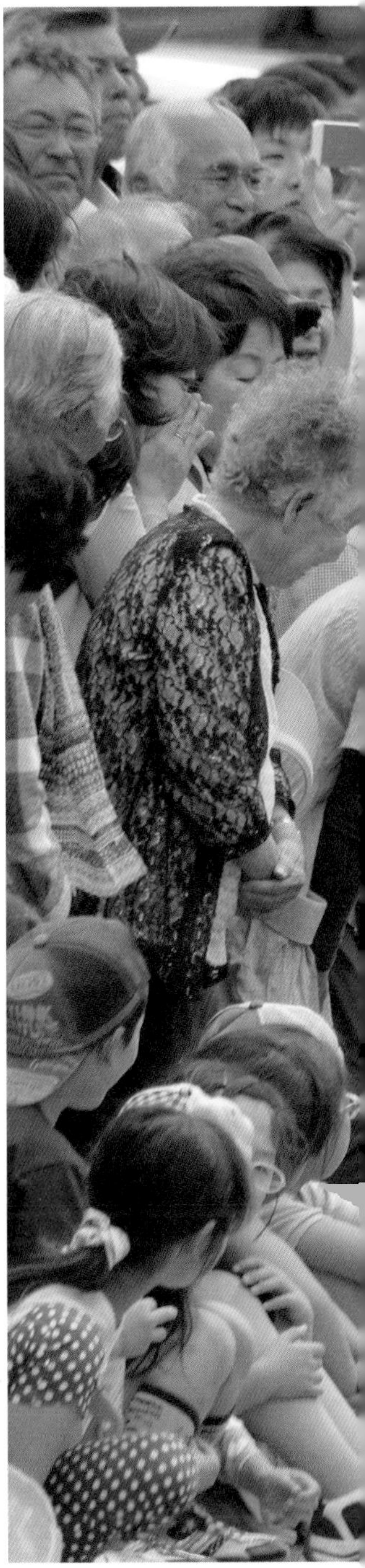

平成27年（2015）、天皇皇后両陛下は20年来の悲願だったパラオをご訪問された。パラオは戦時中、日本の委任統治領だった。両陛下は日本軍の1万人以上の将兵が玉砕したペリリュー島を訪れ、現地在住の菊池正雄さんの案内で、アメリカ兵が上陸したオレンジビーチを視察された。

平成10年（1998）、インド・ニューデリーの国際児童図書評議会で、美智子さまはビデオによる基調講演をなさった。4年後には、スイスで行われた同会に出席のため、皇室史上初の皇后単独での外国訪問をされた。

未来につながる絆

高齢になるとともに「象徴としての務め」を遂行することが困難と考えられた天皇陛下は、平成28年（２０１６）に「平成の玉音《ぎょくおん》放送」ともいわれたビデオメッセージを公表、譲位のご意向を示された。平成31年（２０１９）4月30日、約２００年ぶりにお代替わりが行われ、天皇は上皇に、美智子さまは史上初の上皇后となられた。両陛下が模索された新たな皇室の形は次代へと引き継がれたのである。

平成28年（2016）9月29日、岩手県大槌町のホテルで浜菊を観賞される天皇皇后両陛下。
平成9年（1997）に第17回全国豊かな海づくり大会に出席のために同地を訪れた両陛下は、この純白の浜菊をお気に召され、皇居に種が蒔かれた。

美智子さま 昭和・平成・令和 89年の歩み もくじ

第1章
ご家族への愛と国民への慈しみあふれる美智子さまの名言10

第2章
キーワードで読み解く 美智子さまの人生哲学

第3章
自律と慈愛を育まれた 美智子さまの青春

第4章
美智子さまが歩まれた 愛と波乱の旅路

第5章
民間出身初の皇后となられた美智子さまの 忍耐と慈愛の軌跡

第6章
海外メディアが報じた
皇室外交と美智子さま

●本文中の写真は、お言葉の内容や時期、本文の年代と合致していない場合があります。
●読みやすさ等を考慮して、旧字・旧仮名遣いで書かれているものは、適宜、新字・現代仮名遣いに改めている箇所があります。
●掲載しているお言葉の中には、趣旨を変えることなく抜粋・中略を行っている場合があります。
●お言葉中の漢字表記や句読点は原則、原文のままとしています。
●本書の敬称は、本文の内容当時のものを用いています。

第7章
天皇皇后両陛下が築かれた
被災地訪問と慰霊の旅

第8章
人々を魅了した
美智子さまのファッション

第1章

ご家族への愛と国民への慈しみあふれる美智子さまの名言10

なぜ人々は美智子さまに惹《ひ》かれるのか。
それは美智子さまが「皇太子妃」「皇后」「上皇后」
といった地位によってではなく、
自らの行動によって尊敬されるようになったからだ。
苦難を乗り越え続ける美智子さまのお言葉は
私たちに学ぶべき多くの教訓を与えてくれる。

平成21年（2009）11月12日に行われた、即位20周年を祝う国民祭典で奉祝歌に拍手を送る天皇皇后両陛下。皇居前広場には約3万人が集まり、御記帳などの参賀に訪れたのべ人数は9万人を超えた。

自由恋愛による ご結婚

「お父さま、お母さまいろいろありがとうございました。……お身体を……お大事に」

昭和34年（1959）4月10日午前6時30分、民間初の皇太子妃として「結婚の儀」へと向かう前に、美智子さまは両親に別れの挨拶をされた。家族からの助けが一切届かない皇室へ24歳の美智子さまがたったひとりで旅立たれた瞬間である。

皇太子さまと美智子さまのご婚約が正式に決定した頃、宮内庁は国会で、おふたりが自然な恋愛によってご結婚を決意されたこと、つまり「恋愛結婚」であることをわざわざ否定する答弁を行っている。当時はお見合い結婚こそが「正しい結婚」だという保守的な価値観を持つ人

美智子さまの名言 1 行動力

わたくし、いい加減な気持ちで
あちらに行くのはやめようと思うの。
全然知らないところへ
ひとりで飛び込んでいって、
ベストをつくそうと思っているのよ。

昭和33年（1958）、婚約発表後、友人に

昭和34年（1959）4月10日、家族に見送られながら正田邸を出発する美智子さま。一番左が父・正田英三郎さん、その隣が母・富美子さん。強いまなざしで足を進める美智子さまの固い決意と覚悟がうかがえる。

も少なくなかったため、側近たちが配慮したのだ。

このような状況下で、民間初の皇太子妃として皇室入りされたことに象徴されるように、美智子さまについて皇室史上で特筆すべきことは、「行動する皇后」である点だろう。それまでの皇室は「祈る」存在であり、現在も主なもので年間20以上もの宮中祭祀が行われている。

平成に入り、皇室は祈るのみでなく、国民に直接語りかけ励ます「行動する皇室」へと変化した。即位からお代替わりまでの行幸啓《ぎょうこうけい》（天皇・皇后が一緒に外出されること）は300回を超える。美智子さまの行動力は、戦前の権威的な皇室像から、国民とともに歩まれる「開かれた皇室」というイメージへと、人々の意識を大きく変える一因となった。

美智子さまの名言 2 忍耐力

どのような批判も、自分を省みるよすがとして耳を傾けねばと思います。

平成5年（1993）、59歳のお誕生日に際して

昭和34年（1959）4月10日、ご成婚後に「結婚の儀」についての報道の夕刊をご覧になる皇太子さまと美智子さま。皇室報道はメディアの一ジャンルとなり、美智子さまは多くの人々の目にさらされることになった。

すべての苦難を〝成長の糧〟に

皇族に嫁ぐ女性は自分の侍女をひとり連れていくのが通例だったが、当時の宮内庁はこの侍女同伴の配慮を行わなかった。美智子さまはたったおひとりで皇室に入られたのである。

美智子さまを待ち受けていたのは、民間出身の皇太子妃誕生を快く思わない人々からのいやがらせだった。さらにマスコミからの視線にもさらされることとなった。しかし、美智子さまは、皇太子妃という立場上、「何事も自分の胸に納める」ことが求められた。

宮中でのつらさを両親に語れば、両親にもその重荷を背負わせることになる。またある特定の人物への苦情を述べたならば、その人物の人生を左右しかねない。美智子さまは孤立無援の中で、ただひたすらに「耐える」ことを強いられたのである。

平成5年（1993）、マスコミによる激しいバッシングが続く中で出されたお言葉「どのような批判も、自分を省みるよすがとして耳を傾けねばと思います」には美智子さまの耐え忍ぶ姿勢が表されている。

美智子さまの姿勢は、時間の経過とともに反対勢力のこころも解いた。美智子さまの側近であり教育係だった牧野純子東宮女官長は、美智子さま反対派から推されて就いたいわば「お目付役」だった。しかし、その関係性は徐々に変わり、美智子さまの願い出によって、予定よりも長く女官長を務めるほどとなった。「平民の娘」と蔑《さげす》んだ目で見た一部の人々も美智子さまの謙虚なおこころによって時が経《た》つにつれてファンになっていったのである。

昭和41年（1966）の皇太子ご一家を写した一枚。美智子さまは、それまでの乳人制度を廃止し、慎重な長男・浩宮さまと活発な次男・礼宮さまのそれぞれの性格と個性を尊重し、自ら子育てを行った。

皇室の伝統を変えた美智子さまの教育

ご成婚から間もなく懐妊された美智子さまは、翌年、皇室初の病院出産によって第一子・浩宮さま（現・天皇陛下）を出産された。美智子さまはそれまでの皇室伝統の乳人制度を廃して、自ら子育てをすることを決意される。民間出身の美智子さまのこれらの改革は有名だが、将来、皇位を継承することになる我が子の教育へのプレッシャーは並大抵のものではなかっただろう。出産後には、「この子は将来天皇にもなる方です。日本国民、神からお預かりした宝です。自分の子ではいけないのです」と発言されている。

そのような中での美智子さまの子育ては、それまでの「帝王学」的教育ではなく、「こころ

美智子さまの名言｜3｜子育て

一番大切なのは、両親が子どもの個性や発達の型を見極めて、深い愛情と忍耐で子どものこころを大事に育てることだと思います。

昭和35年（1960）、記者会見で

の教育」を第一に置いたものだった。美智子さまは「幸せな子ども」ではなく「幸せになれる子ども」を育てることを目指された。昭和35年（1960）、浩宮さま誕生後初となる記者会見で、教育方針を問われた美智子さまは「子どもを育てるのは人間のこころが中心になるので、何よりまず本人の幸せを望みたい。一番大切なのは、両親が子どもの個性や発達の型を見極めて、深い愛情と忍耐で子どものこころを大事に育てることだと思います」と答えられている。

皇族であること、未来の天皇であることよりも、第一に「人として」立派であること。それは弟宮として皇室を支える役割を担う礼宮さま、結婚して民間に入られる紀宮さまとお立場の違いこそあれ、すべてのお子さまの教育の基本方針だった。

美智子さまの名言 4 ワーキングマザー

赤ちゃんは母乳で育て、おむつの取り替えも産着の着せ替えも、母親のすることはすべて自分でやるつもりです。

昭和34年(1959)、浩宮さまご懐妊中、友人に

昭和46年(1971)、東宮御所の庭園でくつろぐ皇太子ご一家。左から、紀宮さま、美智子さま、礼宮さま、皇太子さま、浩宮さま。美智子さまはさまざまな公務のかたわら、育児も積極的に行った。

分刻みのスケジュールの中、育児を行われる

美智子さまの育児方針は一般家庭とそれほど変わらず、授乳、おむつ替えなどは基本的にご自身で行われた。一般家庭と大きく異なる点は、美智子さまが母親であるとともに皇太子妃という公人である点である。皇太子妃に「産休制度」などもちろんなく、当時、最も多忙なワーキングマザーのひとりだった。

例えば、浩宮さま生後2ヶ月頃の4月29日の天皇誕生日では、午前9時35分に東宮仮御所を出発して、帰宅は午後8時50分、計7回の一般参賀や祝賀行事に参列した。美智子さまは午前6時、9時と東宮仮御所で授乳後、3回目は女官控え室で授乳、祝宴後は看護師が1回粉ミルクを与えたが、帰宅後の午後9時に

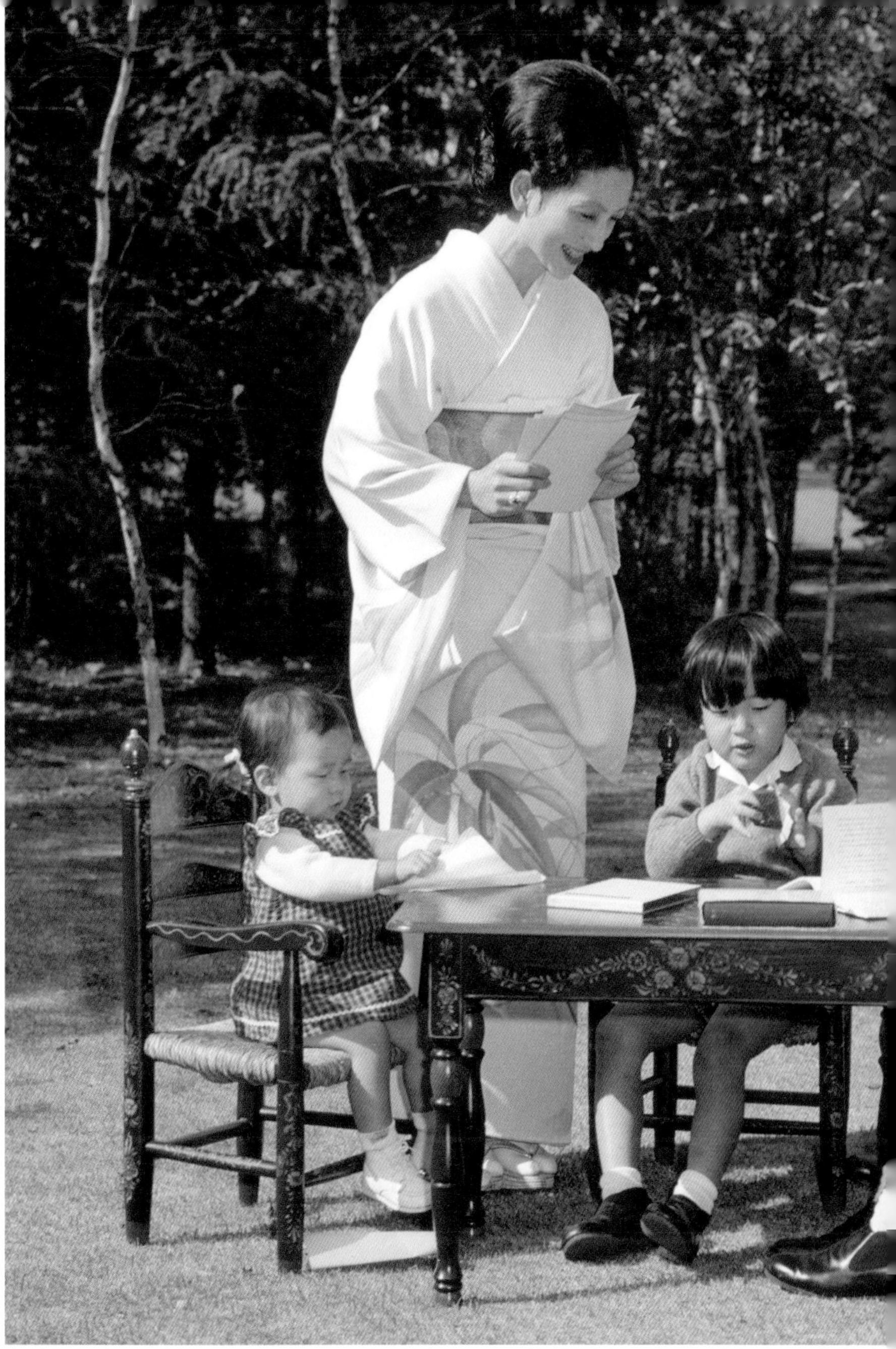

最後の授乳を行っている。分刻みのスケジュールの中で、できるだけ授乳をされる美智子さまの苦労がわかる。
　出産7ヶ月後には、2週間あまりの訪米が予定されていた。当時はまだ母乳を冷凍することなど考えられない時代。美智子さまは訪米までに浩宮さまの離乳を済ませるように育児スケジュールを組み、5ヶ月後には離乳が完了したという。
　訪米中は、子守唄をテープに残して、留守中に浩宮さまに聴かせるように侍従に申し送りされている。これは浩宮さまに寂しい思いをさせたくないという思いから美智子さまが発案されたものだった。こうした自身の手で育児を行う姿勢は、礼宮さま、紀宮さまでも貫かれ、多忙な公務の中、3人の子どもを育てられたのである。

昭和39年（1964）3月24日、千葉県の南房総で波をよけて皇太子さまにすがる美智子さま。たったひとりで皇室入りした美智子さまは昭和38年（1963）、友人に「わたくしの頼りになるのは、殿下おひとりなのよ」と皇太子さまに信頼を寄せるお言葉を語っている。

美智子さまの名言 5 夫婦愛

（家庭を知らずに）25年も健気にお歩きになっていらした東宮（皇太子）さまのために、乏しい力の全部をあげて、あたたかいホームをつくろうと決心いたしました。

昭和33年（1958）、婚約直後、毎日新聞記者宛の手紙で

家庭のぬくもりを皇室に持ち込まれる

まだ結婚前の美智子さまが皇太子さまとの会話の中で衝撃を受けられたことがあった。それは自らの立場・境遇に対する苦情を一切話さなかった皇太子さまが、「家庭を持つまでは絶対死んではいけない」と語られたことだった。

皇太子さまは皇室の伝統によって生後、母から引き離され乳人によって育てられ、「家庭」を知らない。この皇太子さまの悲痛な胸のうちを表した言葉を聞いた美智子さまは、「今までの自分の見聞の中にも、読みました小説の中にも、こんな寂しい言葉はなかったと思いました」と記されている。

昭和59年（1984）、ご成婚25周年を迎えられた際に記者から「お互いに点数をつけるとしたら？」という質問が出された。皇太子さまは、「点をつけるということは難しいけれども、まあ努力賞というようなことに」とお答えになり会場はあたたかな笑いに包まれた。それから25年後の平成21年（2009）、天皇、皇后となられご成婚50周年を迎えたおふたりに、会見で記者から同じ質問が出された。これに対して、天皇陛下は美智子さまの「今日まで続けてきた努力を嘉《よみ》して」今回は感謝状を贈りたいとされ、「結婚50年を本当に感謝の気持ちで迎えます」と述べられた。

この時、天皇陛下は一瞬お言葉に詰まり、涙声になるというハプニングがあった。天皇陛下が会見で感情を露わにされることはほとんど例がなく、これには現場にいた記者をはじめ、映像を見た多くの国民が涙腺を緩ませた。

深い信頼と寛容の精神

昭和59年（1984）、皇太子さま、美智子さまのご成婚25周年に際しての記者会見は、さまざまなお気持ちが率直に、美しい言葉で表現された〝名言〟のオンパレードだった。

ある記者から「家庭づくりの基本的な考え方とこれまでに苦労されてきたこと、まだ足りない点は？」という質問が投げかけられた際、美智子さまは、「基本的な考え方というようなしっかりしたものはあまりございませんでした。ただ、私自身おそばに上がらせていただいた時からずっと東宮さまにすべて受け入れていただいて、やすらいだ気持ちの中で導かれて育てていただいたという気持ちが強いものでございますから、そうした幸せな経験を今度は子どもたちの上に生かしていきたいとずっと願い続けてまいりました」と回答されている。そしてこの次に「その人が、仮に一時それにふさわしくなくても、受け入れるところが家庭なのではないかと思います」というお言葉が続く。

またこの後には、美智子さまが一般家庭から皇室入りしたことから、巷間《こうかん》いわれているような「いろいろなご苦労」は実際どうだったのかという質問が投げかけられた。

美智子さまは、「私にはこの結婚の経験しかないので、特に苦労が多いのかどうか比べることができないのです」と答えを寄せて記者を笑顔にさせた。他人と比べ、嫉妬や羨望にとらわれることなく、家庭に向き合う美智子さまの謙虚なおこころが伝わる。

美智子さまの名言 6 家庭観

その人が、
仮に一時それにふさわしくなくても、
受け入れるところが
家庭なのではないかと思います。

昭和59年（1984）、ご成婚25周年に際しての会見で

昭和38年（1963）、ご静養のために軽井沢に向かわれる皇太子ご一家。皇室は一般家庭と異なり、行く先々で多くのマスコミからカメラが向けられる。

昭和41年（1966）、軽井沢で木登りをする浩宮さまを見守る皇太子さま、美智子さま、0歳の礼宮さま。ひとりで皇室入りされた美智子さまの不安を、皇太子さまはすべて受け止めた。その寛容の精神は子育てに活かされることになった。

美智子さまの名言 7 人間関係

誰もが弱い自分というものを恥ずかしく思いながら、
それでも絶望しないで生きている、
そうした姿をお互いに認め合いながら、
なつかしみ合い、
励まし合っていくことができればと、
そのように考えて人とお会いしています。

昭和55年（1980）、46歳のお誕生日に際して

四面楚歌の状態から周囲をファンに変える

固い決意のもと皇室入りされた美智子さまを悩ませたのが、旧皇族や旧華族らによるいじめともとれる対応だった。しかし、美智子さまの謙虚な姿勢とお気遣いにより徐々に宮中の美智子さまへの風当たりは弱まり、職員の中には隠れ美智子さまファンも増えていった。美智子さまへのいじめがなくなるまでには結婚後20年もの長い年月がかかったという。

美智子さまのおこころが感じられるのが被災地でのお姿だろう。被災者の前へ進み、ひざをついて優しく語りかける姿は「平成流」と呼ばれる。

平成7年（1995）1月17日に発生した阪神・淡路大震災では、6000人を超える人命が奪われた。美智子さまは天皇陛下とともに、震災発生後わずか2週間で現地へと足を運ばれた。特に被害の大きかった神戸市の避難所をご訪問された際には、ひとりの女性被災者が思わず美智子さまの胸にすがって泣き崩れてしまうという一幕があった。美智子さまは「大変でしたね……」とお声をかけ、女性を優しく抱きしめられた。

また、移動のバスの中で両手のこぶしを握りしめ、窓ガラス越しに「頑張って」と手話でメッセージを伝える美智子さまのお姿からは、自身の立場を十分に理解された上で、常に国民とともに歩まれようとするおこころが伝わってくる。この場面は繰り返し報じられ、被災地をはじめ全国の人々に勇気を与えた。さまざまな逆境や悲しみに直面してきた美智子さまだからこそ、そのお姿に人々はこころを打たれるのだ。

平成7年（1995）1月31日、阪神・淡路大震災の慰問に訪れた際に被災者の女性を優しく抱きしめる美智子さま。深い悲しみの中にある被災者におこころを寄せる美智子さまのお姿に涙する人も多くいた。

美智子さまが歩まれた苦難の半生

民間出身者とはいえ、美智子さまが育った家庭は、日清製粉の創業家であり、両親ともに人格者という幸福な上流家庭だった。もし美智子さまが皇室入りしなければ、マスコミの視線にさらされることのない穏やかな人生を歩まれたことだろう。

美智子さまが皇室入りした当初、誰からも認められる存在ではなかった。ご成婚の際には、ミッチー・ブームと呼ばれ日本の女性の憧れの的となったが、それはあくまでもシンデレラストーリーに対する憧れの側面が大きい。むしろ、初の民間出身の皇太子妃となったことから、宮中の一部の人々からのいじめ、マスメディアからの興味本位の批判などにさらされることとな

美智子さまは、失声症から約7ヶ月後に回復され、平成6年（1994）6月に天皇陛下とともに訪米された。写真は、メジャーリーグを観戦され、観衆に応える天皇皇后両陛下。

美智子さまの名言 8 不屈のおこころ

身に起こること、身のほとりに起こることを、できるだけ静かに受け入れていけるようでありたいと願っています。

平成6年（1994）、60歳のお誕生日に際して

ったのだ。

このような美智子さまへの批判は皇后となられた平成の時代になってからも続き、平成5年（1993）にはマスメディアからの激しいバッシングもあって倒れられ、失声症となられた。あまり知られていないが、これ以前にも美智子さまは2回、一時的に声を失われていたともいわれ、いかに苦難に満ちた半生であったかがわかる。

しかし、皇后という立場は、すべての国民に想いを寄せ、特定の人を嫌うことは許されない。いかにバッシングされようと耐え続けなければならない。苦難の中で自らの行動によって、一民間人から誰もが尊敬する皇后となられた美智子さま。その半生を知ることで、私たちは生きる上での手本となる多くの教訓を学ぶことができるのである。

「祈る存在」という皇室観

平成6年（1994）10月、還暦を迎えられた美智子さま。そのお誕生日に際しての記者会見で「皇后さまが目指される皇室像とは?」という質問に対し、美智子さまは左のように答えている。

「私の目指す皇室観というものはありません。ただ陛下のおそばにあって、すべてを善かれと祈り続ける者でありたいと願っています」

皇后という立場は、あくまでも天皇を支えるものであると自己規定され、自らを律してこられた美智子さまの皇室観が凝縮したようなひとことだ。

美智子さまは天皇陛下ご即位10周年に際しての会見でも「陛下のおそばで、私もすべてがあ

美智子さまの名言 9 皇后のあり方

陛下のおそばで、私もすべてがあるべき姿にあるよう祈りつつ、自分の分を果たしていきたいと考えています。

平成11年（1999）、天皇陛下ご即位10周年に際して

平成4年（1992）、初の中国ご訪問で万里の長城を歩かれる天皇皇后両陛下。寄り添い合いながら歩み続けるおふたりを象徴するかのようである。

るべき姿にあるよう祈りつつ、自分の分を果たしていきたいと考えています」とお答えになっている。その4年前、阪神・淡路大震災や地下鉄サリン事件などつらい出来事の多かった平成7年（1995）の会見でも、天皇陛下がどのような時にも「国民の叡智《えいち》が良き判断を下し、国民の意志が良きことを志向するよう祈り続けていらっしゃることが、皇室の存在意義、役割を示しているのではないかと考えます」と「皇室と祈り」について述べられている。

　この「皇室とは祈る存在である」という思いは、美智子さまだけでなく天皇陛下も繰り返し述べられているもので、二人三脚で「象徴天皇」を模索してこられたおふたりの、ひとつの結論がここにあるようにも感じられる。

老いを静かに受け止める

平成31年（2019）4月30日、「退位礼正殿の儀」が行われ、これをもって、天皇は上皇に、美智子さまは皇后から上皇后へとお立場を変えられた。

上皇陛下が譲位を強く望まれた背景には、高齢となったことで象徴天皇としての務めを果たせないことへの懸念があった。

美智子さまの名言 10 老いと向き合う

今まで出来ていたことは、「授かっていた」もの。それが出来なくなったことは「お返しした」もの。

令和2年（2020）、宮内庁の発表を要約

美智子さまは、この老いに対しても目を逸《そ》らすことなく向き合い、老いを受け入れられている。

上皇后となられて間もない令和元年（2019）6月、美智子さまは白内障の手術を受けられた。上皇后となられた美智子さまは、サングラス姿のことが多いが、これは眼の保護のためである。さらに同年8月には、早期の乳がんが発見され翌月に手術が行われた。手術後にはホルモン療法が行われたが、この影響で左手の指がこわばるようになった。美智子さまは数人の日本人作曲家の曲目をピアノで演奏されることを楽しみにされていたが支障がでるようになった。

令和2年（2020）10月20日の美智子さまのお誕生日に際して宮内庁から発表があった。これによると、美智子さまは「今まで出来ていたことを授かっていたこととお思いになるのか、お出来にならないことを『お返しした』と表現され、受け止めていらっしゃるご様子です」とある。病気や老いに対して、今までできたことができなくなることにストレスを感じる人も多いが、現状をありのままに受け止められる美智子さまのおこころの深さと強さがうかがえる。

令和元年（2019）8月27日、群馬県草津町の草津音楽の森セミナーハウス2で、フルート奏者のカール＝ハインツ・シュッツさんとピアノのレッスンに臨まれる美智子さま。

第2章

キーワードで読み解く
美智子さまの
人生哲学

国民から今も尊敬を集め続ける
美智子さまの魅力は
一体どこにあるのだろうか。
「妻として」「母として」「皇后として」
「外交官として」、
そして史上初の「上皇后」として、
5つの立場から私たちの手本となる
美智子さまの人生哲学を学ぼう。

昭和39年（1964）10月、東京オリンピックの競技を観戦される皇太子さまと美智子さま。度重なるバッシングなどによって、ご成婚から5年で美智子さまの体重は10キロほど落ち、「お月さま」と形容されたお顔の面影はない。

あたたかい家庭と開かれた皇室

日本のシンデレラストーリーとして美智子さまは当時の女性の憧れの的となった。しかし、慣習にしばられた閉鎖的な宮中へ入ることは幾多の困難が待ち受けていることは想像にかたくない。美智子さまが決して楽な道ではない皇太子さまとの結婚を決意されたのは、ふたつの覚悟があったからである。

ひとつは、皇太子さまに「家庭の幸福」を知っていただくこと。一般的な家庭を知らなかった皇太子さまに対して、美智子さまが育った実家・正田家はあたたかい団らんに満ちた家庭だった。美智子さまは、正田家を手本に「あたたかいホーム」をつくることを決意したのである。一般の人々と同じ「家庭」を持

キーワード｜1｜妻として

民間初の皇太子妃となる「24歳の覚悟」

わたくしが皇室に入ったため、
「デパートにも行けぬようになり、
ほんとお気の毒ですね」、
といってくださる方がいますが、
それはなんでもありません。
初めから覚悟して入りましたから。

昭和34年（1959）、浩宮さまご懐妊中に

昭和34年（1959）3月16日、天皇陛下（昭和天皇）の使者である宮内庁侍従長が正田邸を訪れ、ご成婚の日時を伝える「告期の儀」が行われた。左から、三谷隆信侍従長、父・正田英三郎さん、母・富美子さん、美智子さま。

ち込むことは、皇室の長い伝統への挑戦でもあったが、皇太子さまのもと、美智子さまは宮中改革を行われたのである。

もうひとつは「皇室と国民の架け橋となる」ことである。「民間初の皇太子妃」という立場を最も理解していた美智子さまは、民間出身ということを弱みとしてではなく強みとして、皇室と国民の架け橋となる存在になることを強く意識されたのである。

婚約後、美智子さまは友人に、皇室に入ると世間を知る機会が狭まることから、「何でもいいからわたくしに教えてちょうだい」と話されている。庶民の生活や感覚をしっかりと記憶しておきたいという切迫した思いが感じられる。妻としての覚悟と、皇太子妃としての覚悟が、美智子さまの困難な事態に対しての原動力となったのである。

火炎瓶から上がった2メートルの火柱

昭和50年（1975）7月、皇太子さまと美智子さまは初の沖縄ご訪問をされた。沖縄は太平洋戦争で約20万人が犠牲となった地である。ご訪問初日の17日、おふたりは沖縄県糸満市にある慰霊碑・ひめゆりの塔を訪れた。ひめゆり同窓会会長の源ゆき子さんがひめゆりの塔の説明をはじめた直後、突如、壕《ごう》から2人組が飛び出し、「帰れ」と叫んで火炎瓶を投げつけた。

火炎瓶は、おふたりが捧げた花束に当たり、2メートルもの火柱が上がった。周囲が騒然とする中、避難された皇太子さまの第一声は「源さんは大丈夫ですか？怪我はされていませんか？」だった。おふたりは最も近くにいた源さんをまず気遣わ

昭和50年（1975）7月17日、沖縄県糸満市のひめゆりの塔をご訪問された際、過激派によって火炎瓶が投げ込まれ、周囲は騒然とした。おふたりはこの後、スケジュールを変更することなく公務を続けられた。

キーワード｜2｜妻として

危険の中で他人を案じた「ひめゆりの塔事件」

お見送りありがとう。
こんな金網ごしで
ごめんなさい。

昭和50年（1975）、ひめゆりの塔事件後に
視察を終えて、帰りの那覇空港で

れたのである。

この時、美智子さまは避難の際の混乱で、すねに打撲傷を負った。このような事態にもかかわらず、おふたりはその後も予定を変更せず、30度を超える炎天下の中、汗も拭わずに日程をこなされた。その後宿舎で皇太子さまは「今度の事件で、沖縄県警はじめ警察の人たちを処分しないようにしてください」といい、再度周囲を気遣われた。

3日間の日程を終えたおふたりが那覇空港に到着した際、おふたりの車が突如止まった。そして美智子さまが降りて、見送る人々のフェンスまで歩み寄り、「お見送りありがとう。こんな金網ごしでごめんなさい」とお声をかけられた。命の危険にさらされたにもかかわらず、最後まで沖縄の人々を気遣われたのである。

1日に1回ぐらいは
しっかり抱いてあげてください。
愛情を示すためです。
あなたのことを大好きなヒトが
たくさんいるのよ。

美智子さまの育児ノートより

昭和36年（1961）4月、東宮御所のお庭で遊ぶ浩宮さまと皇太子ご夫妻。皇太子さまのご指示とお手本をもとに、母・正田富美子さんが美智子さまに行った教育方針を取り入れながら、美智子さまは「ナルちゃん憲法」を作成した。

キーワード | 3 | 母として

皇室1000年の伝統を変えた「ナルちゃん憲法」

一般家庭の育児を皇室に導入

美智子さまが行われた育児は皇室史上画期的なものだった。有名なのが「ナルちゃん（浩宮徳仁《なるひと》親王の愛称）憲法」である。「ナルちゃん憲法」とは、美智子さまが公務で浩宮さまの育児をできない時に、侍従たちへの育児の申し送りを記したものである。その基本方針は、愛情と忍耐のもと、子どもの自主性を養うものだった。「ナルちゃん憲法」の主な内容を見てみよう。

「1日に1回ぐらいはしっかり抱いてあげてください。愛情を示すためです。あなたのことを大好きなヒトがたくさんいるのよ」

「自分が投げたものは、なるべく自分で取りにいかせるように。軽く背中を押して『取ってきてちょうだい』といってください」

「できるだけ動作で遊んでしまわず、要求を口でいわせるようにしてください」

「お食事の時は、ご本をあげないように。『ナルちゃんやめなさい』」

「机の引き出しを開けたりしますが、これは良いこととして、中のものを出しても止めないでください」

「〝ながら病〟はできるだけさけること。靴をはく時なども『靴をはいたらおんも（お外）ね』といいながら、靴をはくことだけに集中させること」

これらは「ナルちゃん憲法」の一部だが生活の細部に至るまで細かに指示されている。皇室の伝統にとらわれず、一般家庭と同じように育児を行う美智子さまのこうした姿勢は、イギリスのウィリアム王子と結婚したキャサリン妃にも大きな影響を与えたといわれている。

育児を通して伝統・文化を教える

第一子・浩宮さまの出産に際して、美智子さまは皇室史上初の病院出産を行い、誕生後には自らの母乳で育て、育児を行われた。皇室では、伝統的に后妃《こうひ》に代わって乳を与える乳人制度が採られていた。実は浩宮さまにも乳人がすでに選定されていたという。

乳人制廃止に見られるように、美智子さまは一般家庭と同じ育児を望み実践された。一方で、将来、天皇・皇族の一員として公務をする子どもたちのために、皇室ならではの教育も必要である。美智子さまは、形式張った「帝王教育」ではなく、自然に皇室の一員としての知識と自覚を養おうと考えられた。

例えば、子どもたちが学校へ

一般となんらかわらない
普通のものを身につけた上で、
皇室にふさわしい特殊なものも
自然と備わるように
していきたいと思います。

昭和39年（1964）、
浩宮さまの4歳のお誕生日に際して

昭和43年（1968）、8歳のお誕生日を前に撮影された浩宮さまと美智子さま。美智子さまは、将来天皇となる浩宮さまに対して知識詰め込み型の帝王教育ではなく、皇室の一員としての自覚が芽生えるこころの教育を重視された。

キーワード 4 母として

一般常識を重視する
「美智子さま流帝王学」

行く前には『万葉集』や『奥の細道』を読んで聞かせる、暮れには餅つきを行って鏡餅をつくる、正月には凧《たこ》を揚げ、百人一首をするなど、日本の伝統・文化を積極的に育児に取り入れていることがわかる。また昭和45年（1970）には、東宮御所の一角に2畳ほどのミニ水田が設けられ約45平方メートルの家庭菜園がつくられた。稲は天皇家が三種の神器とともに祖先から授かったとされるものであり、農耕民族だった日本人の基礎を学ぶことができる。

ある時、記者から「帝王学」について質問が出た際に美智子さまは「特別な帝王学というものはないけれど、週に一度、天皇陛下とお食事をともにします」と語られている。いわば「親（祖父）の背中を見て」学ぶというわけである。

大震災とその後の日々が、
次第に過去として遠ざかっていく中、
どこまでも被災した地域の人々に
寄り添う気持ちを
持ち続けなければと思っています。

平成25年（2013）、79歳のお誕生日に際して

キーワード｜5｜皇后として

被災者に寄り添う
「平成流 行幸啓」

ひざをついて 励ましの言葉をかける

国民に寄り添う皇室のイメージは、天皇陛下と美智子さまが積極的に取り組まれてきたことによるところが大きい。特に平成時代の自然災害における天皇皇后両陛下の行幸啓は昭和時代にはなかったことである。大災害の被災地訪問は、平成3年（1991）に発生した雲仙・普賢岳の大火砕流災害を皮切りに行われるようになり、お代替わりを半年後に控えた平成30年（2018）11月まで行われた。これは同年9月に発生した北海道胆振《いぶり》東部地震の被災地を慰問したものである。

被災地のご訪問では、救援活動を最優先にすることを重視し、活動の妨げにならないよう、車列を短くするため随行人数を減

平成23年（2011）5月6日、東日本大震災の避難所である岩手県の宮古市民総合体育館を訪れ、被災者に声をかける美智子さま。ひざをついて被災者に寄り添う「平成流」は多くの国民を励ました。

らし、スタッフと同じマイクロバスで移動、食事もスタッフと同じ質素なものを召し上がる。このようなお気遣いは慰問以外のご訪問でも貫かれており、訪問先から食事のリクエストについて宮内庁に問い合わせがあった際には、「カレーライス」と返答するのが定番となっている。これは天皇陛下の好物ということもあるが、カレーライスならば調理の負担が少なく、食事をしながら話すことができるからだという。

平成23年（2011）に発生した東日本大震災では、3月から5月の間に7週連続で被災者を見舞い、この年だけで30市町村をご訪問された。避難所ではスリッパを脱ぎ、ひざをついて被災者に顔を寄せて言葉をかける。その姿は、「平成流」として多くの人々を励ました。

キーワード｜6｜皇后として

国民の負担を減らす「平成の陵墓改革」

平成25年（2013）、武蔵陵墓地にある香淳皇后陵を参拝された美智子さま。上皇上皇后両陛下の御陵予定地も武蔵陵墓地だが、規模は縮小され、陵墓の大きさは、昭和天皇陵・香淳皇后陵の区域の58％となる予定である。

型のみで残った伝統が、社会の進展を阻んだり、伝統という名の下で、古い慣習が人々を苦しめていることもあり、この言葉が安易に使われることは好ましく思いません。

平成21年（２００９）、ご結婚50周年に際しての記者会見で

皇后として配慮された天皇陛下との合葬

平成24年（２０１２）、宮内庁はご葬儀と御陵（天皇・皇后の墓）の簡素化について、天皇皇后両陛下のおこころを伝えている。両陛下の葬儀については「極力国民生活への影響の少ないもの」とするため、江戸時代初期から続いてきた土葬ではなく火葬に、御陵の大きさを縮小、両陛下を同じ陵に埋葬する「合葬」を検討することを宮内庁が発表したのである。

平成元年（１９８９）の昭和天皇の葬儀「大喪《たいそう》の礼」では、国家元首をはじめ大使など、世界１６４ヶ国の人々が参列し、警備だけで約25億円、埋葬された武蔵陵の建設費用は約30億円、葬儀の費用総額は約１００億円と莫大な金額となった。さらに埋葬までの諸行事は約2ヶ月間、葬儀に関する全体の行事は1年間続くことになる。

火葬になることで、葬儀に関する諸行事も異なる流れとなる。宮内庁が発表した内容では、小規模な儀式を行った上で、武蔵陵墓地に専用の火葬施設をつくり火葬することになる。この火葬施設についても、節度を持って必要最小限の規模にすることを示された。ご遺骨は宮殿に戻られ、その後の「葬場殿の儀」や「大喪の礼」が執り行われることになる。

これらの簡素化案の中で合葬について、平成25年（２０１３）11月に、美智子さまのお考えが宮内庁から発表された。それは「（合葬は）畏《おそ》れ多く、ご遠慮したい」というものだった。このお考えは、皇太子さま、秋篠宮さまにも直接伝えられたという。

キーワード｜7｜架け橋として

国と国のこころをつなぐ「皇室外交」

政治を超越した皇室外交

天皇（皇族）は政治に関与することができず、また政治利用してはいけないことが慣例となっている。一方で皇族の外国訪問は毎年のように行われている。これは政府が相手国からの招待などを考慮し、ご訪問先を決定したものだ。

その目的について、平成6年

（1994）の会見で美智子さまは「陛下の外国訪問の目的は、政治を超越したお立場から親善にお努めになることですので、この目的が少しでもよく果たされることを願いつつ、お供をさせていただきたいと思います」と述べられている。

美智子さまが皇太子妃として初めて外国をご訪問したのは、結婚翌年の昭和35年（1960）のアメリカご訪問で、以降、五大陸すべて、世界各国をご訪問されている。滞在中は、訪問国元首による公式晩餐会や記念式典への出席、戦没者慰霊碑への供花、福祉施設のご訪問、現地邦人や日系人らとの懇談など、過密スケジュールとなり、プライベートな時間はほとんどない。

美智子さまは外国訪問時に、現地邦人や日系人への配慮から和服を着ることが多く、また相手国の国旗の色をベースとした洋服を着るなど、相手を第一に考えてご訪問される。

平成14年（2002）には、皇室史上初となる皇后陛下単独での外国訪問をされた。これはスイスで行われた国際児童図書評議会（IBBY）の50周年記念大会に名誉総裁として招待されたものだ。皇室外交は政治的思惑を超えた平和の架け橋として、皇室の重要な公務のひとつと考えられ、現在も精力的に行われている。

今、平和の恩恵に与《あずか》っている私たち皆が、
絶えず平和を志向し、国内外を問わず、
争いや苦しみの芽となるものを摘み続ける
努力を積み重ねていくことが
大切ではないかと考えています。

平成26年（2014）、80歳のお誕生日に際して

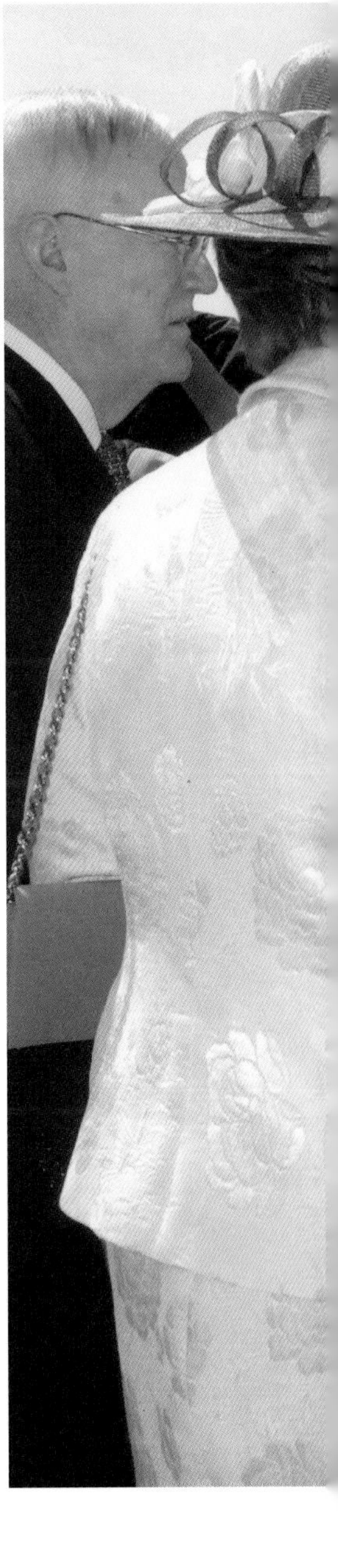

平成19年（2007）にラトビアをご訪問された美智子さま。ラトビアの国旗と同じく、お召し物は赤と白のストライプとなっている。国旗を意識した装いは、美智子さまの訪問国への敬意を表している。

与えられた義務を果たしつつ、
その都度新たに気付かされたことを
こころにとどめていく。
そうした日々を重ねて、
60年という歳月が流れたように思います。

平成30年（2018）、84歳のお誕生日に際して

キーワード｜8｜上皇后として

約200年ぶりに行われた「お代替わり」

皇室史上初の上皇后

平成28年（2016）8月8日、天皇陛下は国民に向けて異例ともいえるビデオメッセージを公表された。「象徴としてのお務めについての天皇陛下のおことば」と題されたこのビデオメッセージは、直接的な言及は避けたものの、天皇陛下が譲位（皇位を次代にお譲りになること）を望まれていることを強くにじませる内容だった。これを受けて、翌年の平成29年（2017）、国会で一代に限り退位を容認する特例法が全会一致で可決・成立した。

こうして平成31年（2019）4月30日、202年ぶりとなる譲位が行われた。天皇はこの日をもって上皇となった。これまでも歴史的に天皇の譲位はたび

平成31年（2019）4月30日、皇居で行われた「退位礼正殿の儀」の様子を伝える報道に人々は足を止めた。この日をもって「平成」は終わり、翌5月1日に「令和」の新時代を迎えた。

たび行われ、譲位した天皇は上皇となった。一方、「上皇后」はこの特例法で初めて使われた称号である。これまで、天皇が崩御された場合、次代が天皇となるため、その后が皇后となり、皇后は皇太后となった。近代以降も昭憲《しょうけん》皇太后（明治天皇の后）、貞明《ていめい》皇后（大正天皇の后）、香《こう》淳《じゅん》皇后（昭和天皇の后）の3人がいる。

ところが「皇太后」は天皇の崩御に伴う称号のため、ふさわしくないとして、新たに「上皇后」の称号が使われることになった。美智子さまには「皇室史上初」の事績が多くあるが、またひとつ加わったことになる。

皇太子妃として皇室に入られてから60年を経て、美智子さまは上皇后となることで、ようやく公務の第一線からは退かれることとなったのである。

第3章

自律と慈愛を育まれた
美智子さまの青春

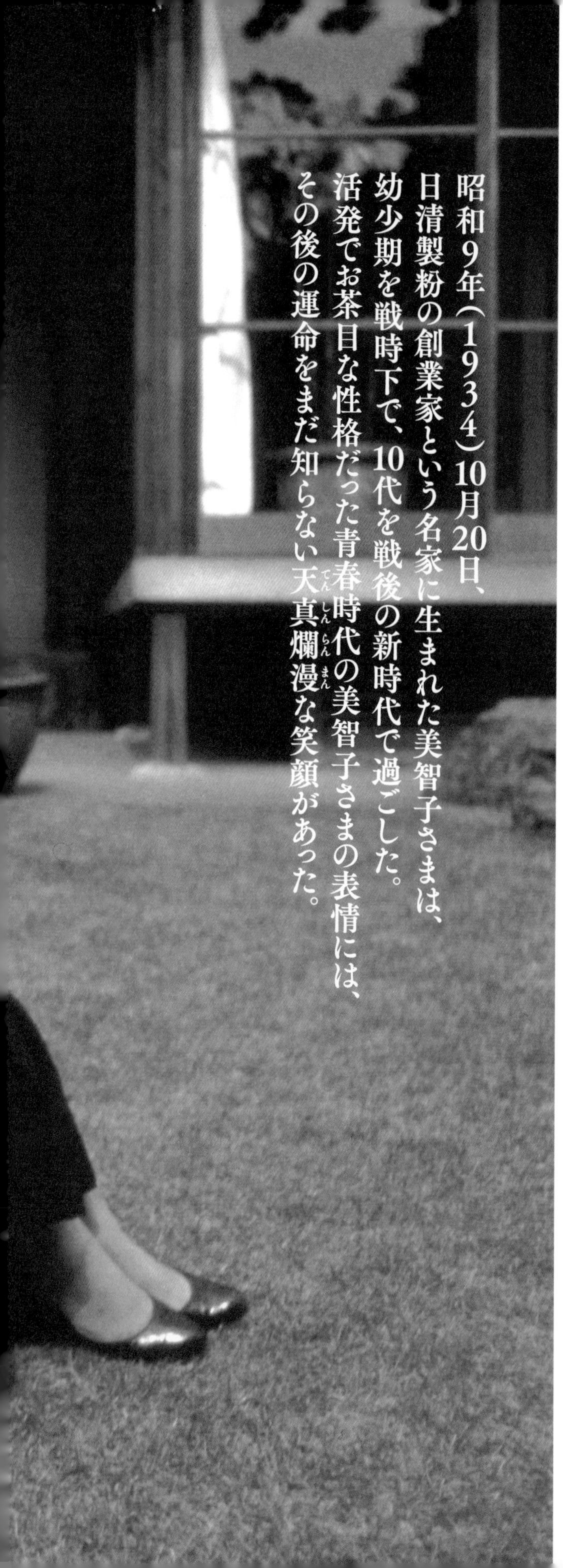

昭和9年（1934）10月20日、日清製粉の創業家という名家に生まれた美智子さまは、幼少期を戦時下で、10代を戦後の新時代で過ごした。活発でお茶目な性格だった青春時代の美智子さまの表情には、その後の運命をまだ知らない天《てん》真《しん》爛《らん》漫《まん》な笑顔があった。

ご成婚前に自宅の庭で撮影された美智子さま。母・正田富美子さんは、ぜいたくを覚えないように美智子さまを教育した。正田家は、暖炉の前で家族全員が語り合う、あたたかな家庭だったという。

昭和9年（1934）

11名家につらなる日清製粉創業家

ロイヤルレディを生んだ正田家のルーツ

政・財・学に広がる「華麗なる一族」

美智子さまは、昭和9年（1934）に、日清製粉（現・日清製粉グループ）の社長だった正田英三郎さん・富美子さん夫妻の長女として生まれた。正田家は群馬県館林市の米問屋を起源とし、その後、正田家の分家筋が製粉業を起こした。それが美智子さまの祖父にあたる正田貞一郎さんである。明治41年（1908）、貞一郎さんは大実業家・根津嘉一郎《ねづかいちろう》さんと組んで日清製粉を設立。「日本の製粉王」と呼ばれるほどの大成功を収めた。三男・英三郎さんが日清製粉を継ぎ、美智子さまの父となるが、そのきょうだいも立身し、正田家をもり立てている。

長男は早世してしまうが、次男の建次郎さんは大阪大学と武蔵大学の学長を歴任した日本数学界の権威。四男・順四郎さんは日本農産工業社長を務めた。五男・篤五郎さんは理学博士となり、東京大学教授を務めた。

英三郎さんの義理の弟たちも錚々《そうそう》たる顔ぶれで、妹の勅子さんの夫は量子力学の第一人者として知られる東大教授の水島三一郎さん。同じく妹の祐子さんの夫・脇村礼次郎さんは日魯漁業（現・マルハニチロ）監査役を務めた。

英三郎さんと富美子さんの間に生まれた4人のきょうだいも、長男の巌さんは日銀監事、妻には浜口雄幸《おさち》元首相の孫娘・淑さん。次女・恵美子さんは昭和電工専務の安西孝之さんと結婚する。そして次男・修さんが日清製粉を継いで社長となった。正田家を中心にした縁戚のネットワークは、浜口家、安西家といった超名門を筆頭に、11もの名家を結び付けている。

正田家・副島家略系図

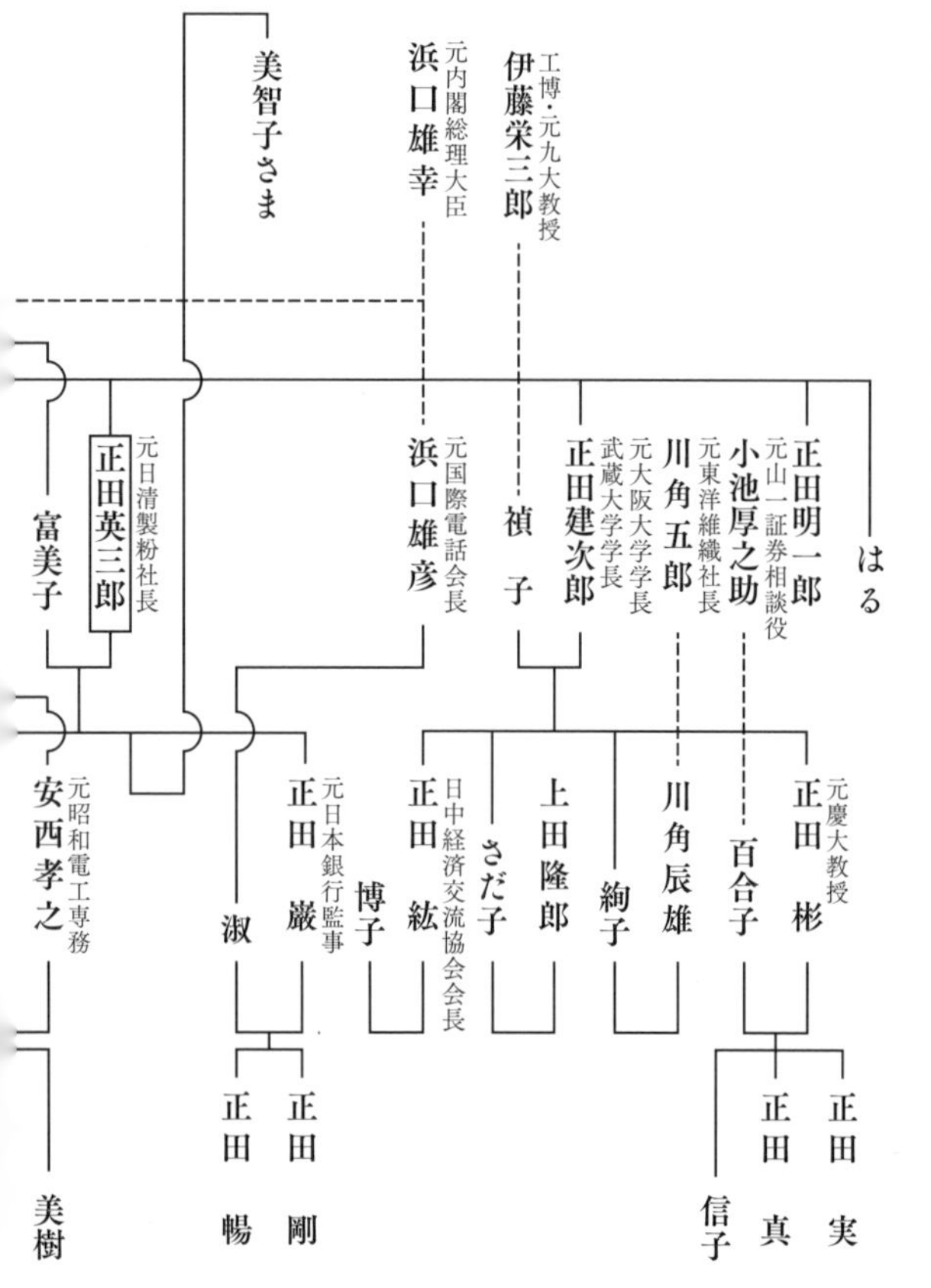

正田家のぬくもりの象徴であるマントルピース（暖炉）の前で撮影された家族写真。前列左から母・正田富美子さん、美智子さま、祖父・貞一郎さん、妹・恵美子さん、父・英三郎さん、後列左から弟・修さん、兄・巌さん。

文右衛門

正田家の発祥の地は群馬県館林市で、江戸時代にはこの地で代々「米文」という米問屋を営んでいた。江戸時代中頃以降、正田家の当主は「文右衛門」を襲名する慣わしで、3代目にあたる文右衛門が、投機色の強い米問屋から堅実な業種に替えようと醤油の製造業をはじめた。この3代目文右衛門は正田英三郎さんの曽祖父にあたる。

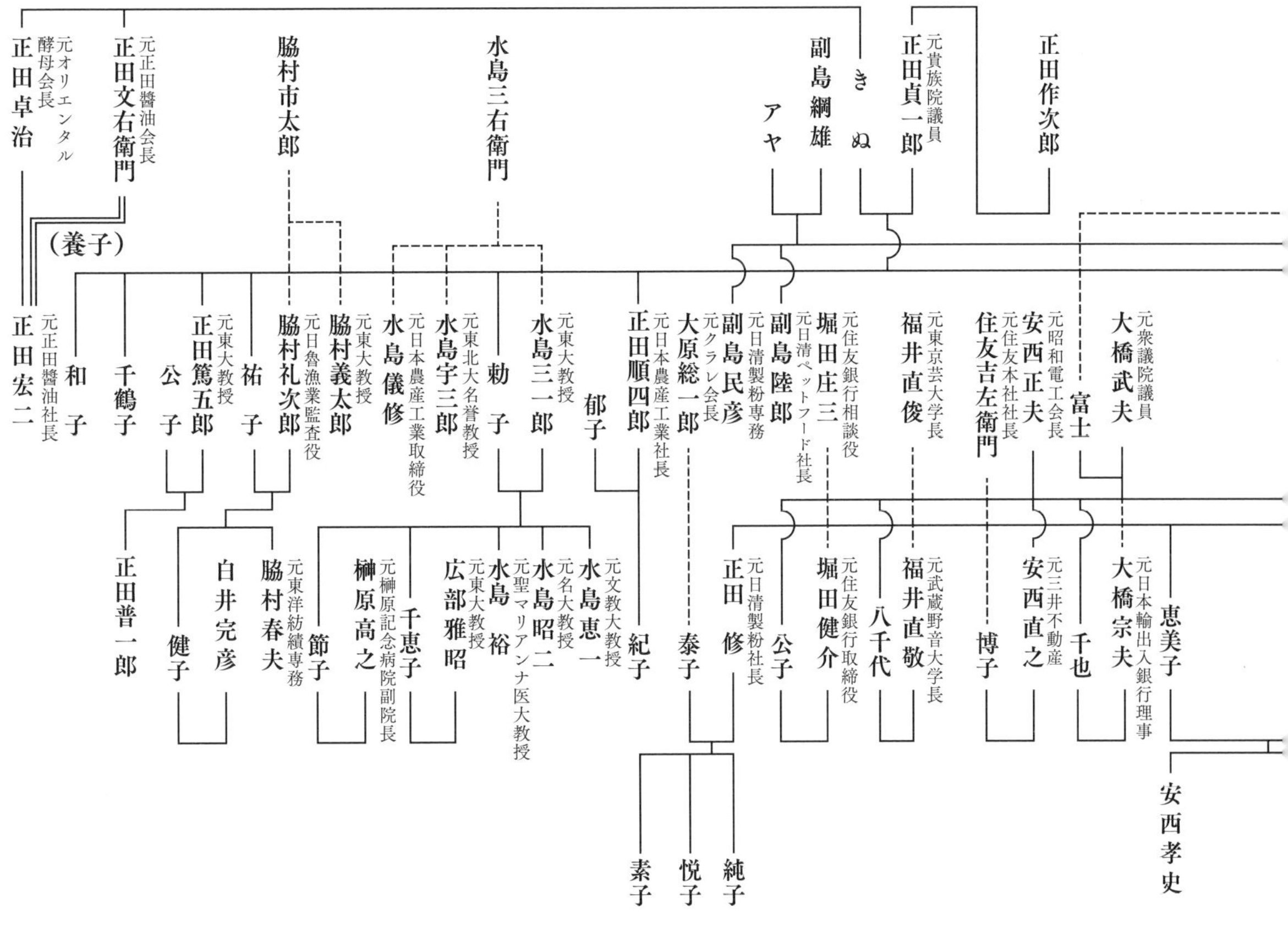

昭和12年（1937）頃、神奈川県葉山町の一色海岸で砂遊びをされる3歳頃の美智子さま（左）と従姉妹の正田紀子さん（右）。美智子さまは小学生に上がると戦火を避けて3回の転校をする。病気がちだった美智子さまは、田舎暮らしによって健康になったという。

昭和16年（1941）

太平洋戦争のさなかの小学校生活

疎開と転校を繰り返した幼少期

3回の疎開・転校と戦争の記憶

昭和9年（1934）生まれの美智子さまは、その幼少期を太平洋戦争のさなかに過ごされている。昭和16年（1941）には名門の雙葉《ふたば》小学校に入学するものの、昭和19年（1944）には家族や親戚とともに神奈川県藤沢市鵠沼《くげぬま》の日清製粉寮に疎開し、乃木高等女学校附属小学校（現・湘南白百合学園）に初めての転校。さらに1年も経たずに群馬県館林へ、次いで長野県軽井沢へと都合3回もの疎開と転校を経験された。

幼少期から活発で柔軟な性格だった美智子さまは、環境の変化に戸惑いつつもすぐに新しい学校生活に馴染まれている。鵠沼では学校の雑巾がけの習慣を取り入れ、帰宅後にも寮の「おそうじごっこ」を提案。「私が号令をかけるわ」と、率先して「1、2、3、4……」の掛け声のもと雑巾がけのリーダー役になった。

館林への疎開中は地元の子どもたちに溶け込み「べぇべぇ言葉」でおしゃべりを楽しまれた。ただし美智子さまのは「すべぇ」「いくべぇ」ではなく、お上品さの残るチャーミングな「いきましょうべぇ」だった。

サツマイモや雑炊で過ごす、決して楽とはいえない日々に追い打ちをかけたのが、東京大空襲による最愛の叔父・順四郎さんの死という悲しみだった。美智子さまにとって初めての親しい身内との別れであり、後年追悼の詩をつくり優しかった叔父との思い出を書き残されている。

軽井沢ではすでに勉強どころではなく、食料の足しにする野草摘みや松根油《しょうこんゆ》の採取などに明け暮れるうちに終戦が訪れる。

国民学校

終戦の時、美智子さまが在学されていたのは館林南国民学校である。国民学校は、昭和16年（1941）に国民学校令に基づいて設けられたもので、初等科6年（6～12歳）、高等科2年（13～14歳）の8年制学校である。国民学校は昭和22年（1947）に廃止された。美智子さまが小学生だった時期は、国民学校があった年代とちょうど重なっている。

昭和24年（1949）

戦後混乱期の少女たちのバイブル
青春時代の愛読書『七つの蕾』

美智子さまが探し求めた愛読書

昭和22年（1947）、美智子さまは雙葉小学校を卒業すると、自宅がある東京都品川区東五反田により近い聖心女子学院中等科へ入学する。中学生時代の美智子さまが愛読したとされる本がある。それが『七つの蕾《つぼみ》』である。初版は昭和12年（1937）、教材社より出版された。作者は、戦前戦後に少女小説というジャンルで人気を博した松田瓊子《けいこ》。鎌倉を舞台に、7人の少年少女の清らかな生活が約1年、四季や自然の美しさとともに描かれている。

『七つの蕾』は、松田にとって初めて世に問う作品だが、出版にあたって尽力したのが、ドラマ『花子とアン』の主人公として知られる、翻訳家・児童文学者の村岡花子だ。村岡は、松田の父であった作家・野村胡堂《こどう》を通じて原稿を目にし、優れた少女小説作家の存在を知る。そして、すぐに自費出版に近い形で世に送り出すことになる。だがその3年後の昭和15年（1940）、瓊子は23歳で夭逝《ようせつ》した。

それから9年後の昭和24年（1949）に、中原淳一のヒマワリ社（後にひまわり社と改名）から『七つの蕾』として、ほかの作品も加えて出版された。この時、美智子さまは、聖心女子学院中等科3年に在学中であった。まさしくこの本が青春時代に、手にされた一冊といえる。

美智子さまは後年、この『七つの蕾』を野村胡堂に手紙を出して探し求めたともいわれる。昭和60年（1985）に国書刊行会によってヒマワリ社版が復刻された折には、美智子さまの元に届けられたという。

雑誌『ひまわり』

『七つの蕾』を復刻したひまわり社は、女性雑誌『それいゆ』とその少女版の『ひまわり』という2冊の雑誌を刊行していた。そのうち『ひまわり』では、昭和22年（1947）の創刊時から松田瓊子の遺稿を連載していた。独身時代の美智子さまは女優の中村メイコらとともに、読者投稿欄「ひまわり読者文藝」の常連掲載者だったともいわれる。

昭和23年（1948）、聖心女子学院中等科2年生の時の運動会で優勝した記念写真。優勝額の右が美智子さま。成績は常にトップクラスでスポーツも得意だったという。

昭和28年（1953）3月に、バレーボールの選手の集まりの際の記念写真。一番右が高校生の美智子さま。写真は美智子さまの学生時代からの親友である沢崎美沙さんのカメラで撮影したもの。

昭和25年（1950）

15歳の時に抱いた敬愛の気持ち 美智子さまが書かれた上級生への「恋文」

3学年上の上級生宛の手紙

美智子さまが通われた聖心女子学院は、東京都港区白金にある私立校で、カトリック女子修道会「聖心会」を母体としており、約40ヶ国200校の姉妹校がある。この聖心女子学院で美智子さまはどのような思春期を過ごされていたのだろうか。その一端がわかる美智子さま15歳の時の手紙が、『女性自身』（2011年1月4日号）に掲載された。この手紙は昭和25年（1950）、美智子さまが聖心女子学院中等科3年生の時のもので、皇室ジャーナリストの松崎敏弥さんが関係者を通じて入手したという。その内容は、3学年上の〝敬愛するお姉さま〟に対するもので、「ラブレター」的な文面となっている。

美智子さまの同級生だった萩尾敬子さんによると、当時、仲の良い女子生徒同士はSister（姉妹）から取ってS《エス》と呼ばれ、疑似恋愛的な憧れの感情をほかの女子生徒に抱く者もいたという。

この手紙は、美智子さまが憧れの上級生の卒業に対して感謝と敬愛の気持ちを伝える内容のものだった。手紙には「餘《あま》りにも短く想われる3年間だった丈《だけ》に〝レ・ミゼラブル〟と嘆息したくなります」とあり、島崎藤村の詩を引用し、「風よ 静かに彼の岸へ こひしき人?を 吹き送れ」と記されている。「?」は原文になく美智子さまが加えられたもの。先輩への思慕の念をはにかむ様子が感じられる。

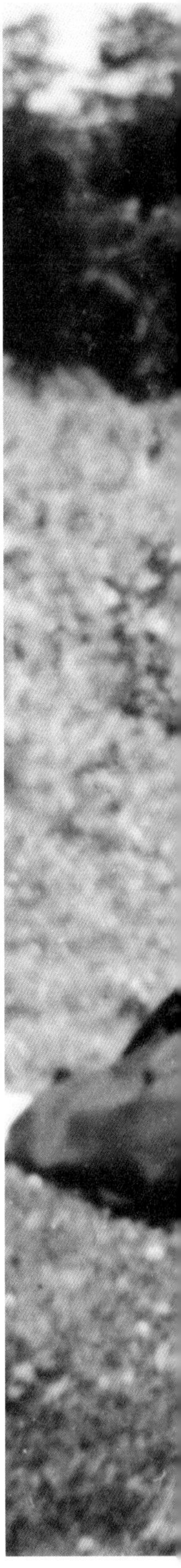

島崎藤村

美智子さまが上級生への手紙に引用した「風よ静かに」の詩句は、島崎藤村の『落梅集』に収録された「蜑（あま）のなげき」の一節である。『落梅集』は恋愛詩と旅情を詠（うた）う自然詩を収めたもので、「蜑のなげき」は、見送る男のなげきを主題にした詩だ（蜑は漁夫の意）。美智子さまは島崎藤村の愛読者だったようで、学生時代には小説『春』を何度も読み返したという。

昭和30年（1955）

論文「虫くいのリンゴではない」で2位受賞

美智子さまのはたちの願い

美智子さまの〝原点〟となる20歳の文章

昭和30年（1955）、読売新聞社は成人の日の記念特集として「はたちのねがい」と題した公募の論文コンクールを開催した。5000通を超える応募の中から、見事2位に輝いたのは「虫くいのリンゴではない」という論文で、応募者は20歳の大学生・正田美智子さん。この4年後に日本中を熱狂させることになる、皇太子妃殿下・美智子さまその人である。

この年に成人を迎える若者たちは、子ども時代を第二次大戦と続く戦後の激動期に過ごした。そのため海外のある小説で「虫くいのリンゴの中に育った」世代とたとえられていた。

美智子さまの論文は、当事者として自分たちが生きる世界は「虫くいのリンゴ」などではない、という思いを伝えるもので、内容は明るさに満ちた前向きな文章になっている。

「私の〝はたちのねがい〟――それは私達年齢の人々が過去の生活から暗い未来を予想するのを止め、未来に明るい夢を託して生きる事です。」

「現在は過去から未来へと運命の道を流れて行く過程のひとつではなく、現在を如何に生きるかによって、さまざまな明日が生まれて来る事を信じようと思います。」

「戦争と戦後の混乱を背景に過ごした私達の生活は、確かに恵まれたものではありませんでした。しかし、それはすでに過去のものであり、私達の努力次第で明日は昨日に拘束されたものではなくなるはずです。」

（以上、一部抜粋）

常に苦難に立ち向かい、乗り越えてきた美智子さまのメンタリティは、この頃からおこころに深く根付いていたものだった。

昭和30年（1955）7月、聖心女子大学3年生の時の北海道旅行中、釧路で友人たちとともに撮影された記念写真。左から2人目が美智子さま。論文「虫くいのリンゴではない」からは苦難に対して前向きな精神がうかがえる。

もはや戦後ではない

終戦から10年が経過した昭和30年（1955）には、高度経済成長の幕開けとなる神武景気がはじまる。そしてこの年、ひとり当たりの実質国民総生産（GNP）が戦前の水準を超えた。このことから翌昭和31年（1956）の経済企画庁による経済白書「日本経済の成長と近代化」の結びに「もはや戦後ではない」と記述され、この言葉は同年の流行語になった。

学生運動

昭和30年（1955）、日本共産党は大幅な路線変更を行い、共産党から除名された学生を中心に新左翼活動が行われるようになった。1960年代になると、第一次安保闘争、ベトナム戦争反対運動、東大闘争などが起こり、学生運動は全国の大学や高校に広がりをみせた。こうした学生運動は1970年代になると収束していった。

下級生からも人望を集めた大学時代

昭和28年（1953）、美智子さまは聖心女子大学に入学するとクラスの福祉委員を務め、2年生の時にはクラスの副委員長になった。そして4年生になると大学自治会の全学委員長（プレジデント）に選ばれている。

プレジデントとは生徒会長のような役割で、その仕事は、学校側との連絡・折衝や、学生間の問題の解決などさまざま。美智子さまはこの任を務めるため、美智子さまはアルバムを見て下級生の顔と名前をすべて暗記し、誰にでも名前で語りかけられた。憧れのプレジデントに名前で呼ばれた後輩たちは感激し、ファンになってしまったという。

クラブ活動は、皇太子さまとの出会いのきっかけとなったテ

昭和31年（1956）

聖心女子大学を首席で卒業

プレジデントとして活躍した大学時代

昭和32年（1957）、聖心女子大学外国語外国文学科を首席で卒業。大学4年生の時にはプレジデントに選ばれた。全学生の名前を暗記するコツとして、美智子さまは「顔は性格です。性格と名前を結び付ければいいのです」と答えている。右が美智子さま。

ニス以外にも、合唱部、英語劇クラブに所属された。テニスの腕前は、大学4年生の時に軽井沢で開催されたインターナショナル・トーナメントで、シングルス、ダブルス、男女混合ダブルス優勝という〝三冠〟の快挙を成し遂げられたほど。関東の学生ランキングでも堂々の4位にランクインしている。

学業成績では、成績優秀者に贈られるオーナー・スチューデントという表彰を4年連続で受賞されている。また、語学力も高く、英語劇では聖母マリアの役を好演した。卒業論文にはイギリス文学者ジョン・ゴールズワージーの「フォーサイト・クロニクル」研究を選択し、参考文献を原書で読破して論文を作成された。卒業式では首席として全卒業生を代表し、謝辞を述べられている。

幼少期から大学時代まで

美智子さまの秘蔵エピソード

活発・お茶目な美智子さまの一面

現在よりも報道規制が緩やかだった昭和時代には、美智子さまの人となりがわかる数多くのエピソードが女性週刊誌などで紹介されている。まずは幼少期のエピソード。幼い頃に、母・正田富美子さんに読んでもらった本で特に印象に残っているものとして、『クマのプーさん』があげられる。当時イギリスから送られた原書の絵本を、母にその場で訳しながら読んでもらったという。平成14年（2002）の国際児童図書評議会（IBBY）の創立50周年式典では、お言葉を述べられるなど、美智子さまは児童文学に深い関心を示されたが、その原点はこの『クマのプーさん』なのかもしれない。

少女時代の美智子さまは、明るくお茶目な性格だったことが知られている。例えば、正田家には、当時まだ高級品だったテレビがあったが、ある日、美智子さまから「一緒に観ませんか？」と誘われた家政婦が画面を観ると、放送されていたのはプロレスだったという。その激しさに家政婦は貧血気味になり、美智子さまはイタズラっぽく笑いながらご覧になられたとか。

聖心女子学院時代、理科の授業のリトマス試験紙での実験中、全員の試験紙が青く染まる中、美智子さまのだけが真っ赤になっていた。不思議がる友人に「みんな同じじゃつまらないから、インクで赤く染めたのよ」と種明かしをした。美智子さまは、教室の笑いを誘うのがお好きな明るい学生だったのだ。

女性週刊誌の創刊

昭和30年代に入り高度経済成長期が訪れると、経済的に余裕が生まれ主婦の家事労働が大きく軽減された。これに伴い、若い女性の趣味やライフスタイルが多様化。昭和32年（1957）の『週刊女性』（河出書房、後に主婦と生活社）を皮切りに、昭和33年（1958）に『女性自身』（光文社）、昭和38年（1963）に『女性セブン』（小学館）が創刊された。

昭和28年（1953）10月、大学1年生の美智子さまを親友が撮影したもの。軽井沢の公園の滑り台に乗られる、活発でお茶目な性格がうかがえる。美智子さまは青春時代について、「かけがえのない思い出の年月」と語られている。

晩年まで美智子さまを案じた父と母

美智子さまの父・正田英三郎さんは、昭和20年（1945）、美智子さまの祖父にあたる貞一郎さんの後を継ぎ41歳にして日清製粉の社長に就任した。

もともと〝慎重で堅実〟という正田家の気風を継いでいた英三郎さんだが、美智子さまが皇太子妃となってからは、よりストイックに自らの行動を律している。大企業の社長として不可欠な夜の宴席も最小限にとどめ、あらぬ憶測を生まぬよう政治家がいる場への出席も避けた。

正田家の家族仲の良さは美智子さまの友人の間でも有名で、特に母・富美子さんは駅まで美

昭和34年（1959）、ご成婚前に正田邸のマントルピースの前で語り合う美智子さま（右）と父・正田英三郎さん（左）。英三郎さんは叙勲の内示があっても断り続け、生涯に受章したのは、教育や農工業への業績をたたえた藍綬褒章のみだった。

智子さまを迎えに出ることも多く、「一卵性」といわれたほどの仲睦まじい母娘の姿は、級友の憧れになるほどだった。

　富美子さんは、子どもたちにぜいたくを覚えさせないよう電車も三等車に乗せるなど厳しいしつけをこころがけた。美智子さまの性格や行動指針は、富美子さんから継承された部分も少なくない。浩宮さまの育児方針として有名な「ナルちゃん憲法」も、富美子さんの育児日記を参考にしてつくられたものだ。

　富美子さんは美智子さまが皇后になる前年の昭和63年（1988）に78歳で亡くなる。亡くなる直前には正式な洗礼を受け、カトリックとして人生の最期を迎えた富美子さんだったが、葬儀は神式で執り行われている。美智子さまに余計な批判が向かないように、との最後のこころ配りだった。英三郎さんが亡くなったのは、平成11年（1999）のこと。95歳の大往生で、最愛の娘・美智子さまに看取られての穏やかな最期だった。

美智子さまを支えた父母の教え

父の自律のこころと母が伝えた家庭像

ねむの木の庭

美智子さまが過ごされた正田邸は、父・正田英三郎さんの死後、相続税の一部として国に物納され、平成15年（2003）、老朽化のため取り壊された。翌年の平成16年（2004）、跡地は品川区立公園「ねむの木の庭」（東京都品川区東五反田5-19-5）として整備された。公園名は美智子さまが高校生時代につくられた詩「ねむの木の子守歌」に由来する。

第4章

美智子さまが歩まれた
愛と波乱の旅路

世紀のシンデレラストーリーとして
日本中が羨んだ民間初の皇太子妃誕生。
しかし、それは幾多の困難が待ち受ける
苦難の道のはじまりだった。
いじめ、流産、マスコミのバッシング……。
皇太子妃として
美智子さまが歩まれた日々を振り返る。

昭和34年（1959）4月10日、「結婚の儀」と「朝見の儀」を無事終えて、宮内庁の玄関前でマスコミの撮影に応じる皇太子さまと美智子さま。この日から美智子さまは民間初の皇太子妃として歩まれることになった。

昭和32年（1957）

ABCDトーナメント・ダブルス準々決勝で対戦
皇太子さまとテニスコートの恋

軽井沢会テニスコート

皇太子さまと美智子さまが出会ったのは、会員制の軽井沢会テニスコート（長野県軽井沢町軽井沢811）である。平成4年（1992）、アメリカのジョージ・ブッシュ大統領が来日した際には、このテニスコートでおふたりはブッシュ大統領、マイケル・アマコスト駐日大使とテニスをされた。おふたりは折を見てはこの思い出の地を訪れ、上皇・上皇后になられてからも足を運ばれている。

皇太子さまに粘りの逆転勝利

昭和32年（1957）8月19日に行われたテニストーナメントの一戦が、皇太子さまと美智子さまの最初のめぐり合い、いわゆる「テニスコートの恋」だ。皇太子さま23歳、美智子さま22歳の夏の日のことだった。

軽井沢駅から2キロばかりの軽井沢会テニスコートが運命の現場となった。ここで催されたトーナメント戦の準々決勝で、皇太子さまは早稲田大学生と、美智子さまは14歳のアメリカ人少年とのペアでダブルスの対戦をされることとなったのである。

第1セットは皇太子さまペアが先取したものの、2、3セットを取った美智子さまペアの逆転勝利。美智子さまは何度打ち込まれても皇太子さまの球を返

昭和33年（1958）12月6日、東京都港区麻布でテニスを楽しまれる皇太子さまと美智子さま。軽井沢のテニスコートでの出会い後、おふたりは都内を中心に15回ほど、テニスコートで出会っている。

して〝粘り勝ち〟を収められたのだった。試合後、皇太子さまには結果よりも対戦相手の女性のほうが強く印象に残った。東宮傅育官《ふいくかん》の浜尾実さんが「今のは正田美智子さん」と耳打ちし、皇太子さまのおこころにその名前が刻み付けられる。

偶然とされているこの出会いの裏には、側近たちによる周到な準備があったともいわれている。もちろん試合結果までは左右できないので、おふたりがそれぞれ勝ち上がって対戦したのは〝演出〟ではなく、あくまで〝運命〟だった。

同じ年の10月27日、皇太子さまを囲むテニスの試合に美智子さまが招待され、おふたりはこの時初めてペアを組まれる。以降、婚約まで15回ほど、おふたりは都内のテニスコートを中心にお会いになられた。

お妃候補として報道が過熱する中、美智子さまは、昭和33年（1958）9月に日本を旅立ち、聖心女子学院同窓生国際会議が行われるベルギーに滞在。その後、すぐには帰国せずイギリス、フランス、アメリカなどを歴訪した。

昭和33年（1958）

お妃選びのさなかに単身で欧米へ

ひとり静かに自らの未来について思索した外遊

昭和33年（1958）9月、イギリス・ロンドンにご滞在中の美智子さま。

約2ヶ月間の旅での苦悩

昭和32年（1957）の「テニスコートの恋」の後、皇太子さまはたびたび美智子さまをテニスの試合やパーティーに招待された。昭和33年（1958）5月には美智子さまが皇太子妃の候補としてほぼ一本化、9月18日に正田家へ皇太子さまの求婚の意思が伝えられた。

ところが今では美談として語られている「テニスコートの恋」だが、見合い結婚が一般的な当時は、自由恋愛による結婚は誹《ひ》謗《ぼう》の対象になりかねない時代だった。正田家は「身分が違いすぎる」と再三固辞している。特に正田家の男性親族にはひとりも賛成者がいなかったといわれる。母の富美子さんは悩む美智子さまを気遣って、この問題について冷却期間を置くため、昭和33年（1958）9月から約2ヶ月間、海外へひとり旅に出させた。

ベルギーのブリュッセルで開催される聖心女子学院同窓生国際会議に日本代表として参加するため、というのが旅行の「目的」で、美智子さまはアメリカやヨーロッパ諸国を単身外遊されている。

外遊へ旅立たれた美智子さまに皇太子さまは直筆の手紙を送られ、お気持ちを伝えられた。しかし、この時美智子さまはお断りされる長文の返信をした。

美智子さまは、欧米旅行中に迎えた24歳の誕生日にアメリカのナイアガラの滝を訪れた際、「このまま飛び込んでしまおうか……、そんな妄想に悩まされたりもしました」と、死まで考えるほど苦悩したことを後日、記者に語っている。

イラク革命

日本でお妃選びの報道が過熱する1958年7月14日、イラクで起きた軍事クーデターによって国王ファイサル2世や王太子アブドゥル・イラーフ、首相ヌーリー・パシャ・アッ=サイードらが殺害され、共和制が成立した。日本においても新左翼グループによる活動が過激さを増す中、世界的な君主制廃止の流れは、正田家にとっても大きな不安の種となっていた。

昭和33年（1958）

皇太子さまのプロポーズを受けられるまで

美智子さまのおこころを動かした皇太子さまの電話

昭和33年（1958）12月、皇太子さまとの婚約が決まり、自室で語学勉強される美智子さま。机の上には皇太子さまの書斎につながる電話が置かれている。マスコミ報道が過熱する中、おふたりはこの電話を通じて愛を育まれた。

美智子さまの不安を癒やした皇太子さま

皇太子さまとの未来について結論が出ないまま、美智子さまは昭和33年（1958）10月26日、54日間にも及ぶ欧米旅行から帰国した。帰国した夜、皇太子さまから美智子さまに電話があり、はっきりと「結婚」の申し込みがあった。この時も美智子さまは「とても妃殿下になるなんて考えられない、自分はご遠慮したい」と、そのお気持ちを伝えている。しかし、度重なる皇太子さまとの電話の中で徐々にそのお人柄に惹かれた美智子さまはついにプロポーズを受けられる。

美智子さまは後に、皇太子さまからのプロポーズの電話について、黒木従達東宮侍従長に「度重なる長い電話のお話の間、殿下はただの一度もご自身の立場への苦情をお述べになったことはありませんでした」と語られている。

周囲の反対や心配を乗り越えて美智子さまに結婚を決意させたのは、皇太子さまが伝える率直なお気持ちだった。おふたりは結婚が決まるまで、電話で何度も話し合いをしたという。婚約決定後には、皇太子さまの書斎と美智子さまの部屋との間にホットラインが開設され、おふたりは1時間も2時間もお話を

され、愛を育まれていかれたという。
結婚を決めた後、美智子さまはある親友に「私はもっと安易な道に愛情を見つけたかった。でも、一度見たのに目をつぶっていいのかしら。それが本当の愛情だったら、私はやっぱりそれを見つめていくのが本当かもしれない」と気持ちを語ったといわれる。

お妃選び

令和元年（2019）、皇太子時代の側近のトップだった故・鈴木菊男元東宮大夫がお妃選びの経緯について記したメモが発見された。昭和32年（1957）に6人で構成される皇太子妃選定のメンバーが選ばれ、最終的に「両親はじめ御家庭環境等すべての条件において正田美智子さまほど適はしいと思われるお方はなかった」と最大級の評価が記されている。

昭和33年（1958）

ミッチー・ブームとお妃教育

新時代の象徴となった昭和のシンデレラ

ミッチー・スタイル

美智子さまの「テニスコートの出会い」での太めのヘアバンド・白の開襟シャツ・Vネックのセーターや、宮内庁で行われた婚約記者会見時でのストール・カメオのブローチ・白の長手袋などは、ミッチー・スタイルと呼ばれた。白を基調とした健康的かつ清楚なイメージのファッションで、デパートには美智子さまの等身大のマネキンが飾られた。

街にあふれたミッチー・スタイル

昭和33年（1958）11月27日、皇室会議は正田美智子さんを正式に皇太子妃として承認。日本中が待ち望んだ妃殿下・美智子さまの誕生が決定した。皇太子さまについて「とてもご誠実で、ご立派で、こころからご信頼申し上げ、ご尊敬申し上げていかれる方だというところに魅力を感じました」と話された記者会見の様子も話題となり、この頃から日本中に〝ミッチー・ブーム〟が巻き起こる。

街にはおふたりを象《かたど》った人形などがあふれ、Vネックやテニスラケットなど〝ミッチー・スタイル〟を真似る人も後を絶たなかった。民間初の皇太子妃

昭和34年（1959）、お妃教育に向かわれる美智子さま。沿道には観光バスが停まり、美智子さまにカメラを向けている。こうした人々の好奇な目も、美智子さまはお妃教育のひとつとして耐えられた。

誕生は、日本のシンデレラストーリーとして女性たちを熱狂させ、美智子さまのファッションや自由恋愛による結婚は憧れの的となった。テニスの流行、皇室関連の書籍の発刊など、経済、文化、メディアに大きな影響を与えることになった。

世間が新たなプリンセスの誕生に熱狂する中、美智子さまの前途には山のような課題が待ち構えていた。いわゆる〝お妃教育〟だけでも、月曜日は和歌、火曜日は憲法、水曜日は礼儀作法、木曜日から土曜日まではみっちりと宮中のしきたり・心得についての講義が毎朝9時から行われるのだ。講師を務める面々には必ずしも民間からの皇室入りを快く思っていない人もおり、美智子さまにはご婚約段階から宮中の風当たりは厳しかったともいえる。

「平民の娘」の皇室入り批判

日本中が沸いたミッチー・ブームだったが、民間出身の皇太子妃誕生を快く思わない守旧派も少なからず存在した。特にご婚約後早々に美智子さまと正田家の人々を傷つけたのが、いわゆる「手袋事件」と「野菊事件」というふたつの出来事だった。

美智子さまは婚約発表の記者会見にドレス姿で臨まれ、このファッションは「ミッチー・スタイル」のひとつとなった。ところが、この時の手袋がひじと手首の中間ほどの長さだったのを見咎《みとが》めた一部の人々が「正装の手袋はひじを隠す長さでなければならない」と正田家や宮内庁にクレームの電話を寄せたのだ。ところが実際には、手袋は東宮御所が用意し、皇太子さま

自身も「あれでよい」としたものだった。

「野菊事件」は、皇太子妃となる美智子さまの持ち物につける〝お印《しるし》〟（皇族における個人のマーク）を選ぶ際に起こった。美智子さまのお印にと皇后さまが選んだ候補に野菊が入っていたのだが、これに「平民（野）から皇室（菊）にやってきた嫁」との意味があるのではとささやかれ、結局皇太子さまが別途推薦した白樺に決定した、という〝事件〟だった。これも、美智子さまは皇后さまの選んだ野菊がいいと主張したものの、最終的には皇太子さまの意見を入れて白樺に決められた、というのが真相なのだが、一部では嫁姑対立のように扇情的に取り上げられてしまった。どちらも思い込みや情報不足が生んだ的外れな批判だった。

昭和33年（1958）

ねつ造された「手袋事件」と「野菊事件」

美智子さまへのメディアの洗礼

昭和33年（1958）11月27日、婚約が正式決定されると、皇太子さまと美智子さまは昭和天皇皇后両陛下にご挨拶をされた。写真は皇居から戻った際の一枚。この時の服装についてクレームが入り、「手袋事件」と呼ばれた。

常磐会《ときわかい》

美智子さまの皇室入りの反対運動の急先鋒といわれたのが常磐会（学習院女子中・高等科同窓会）である。当時の入江相政侍従長の日記には、常磐会の重鎮だった「松平信子、宮崎白蓮が中心となって今度の御婚儀反対を叫び、愛国団体を動かしたりした由」（昭和33年（1958）12月22日）といった記録が残っている。

昭和33年（1958）

皇室の外戚の栄誉と苦悩

正田家へのバッシング

周囲の批判に反論せず ただ耐える道

史上初の民間出身皇太子妃を出した正田家は、「民間から天皇家の外戚になった史上初の家」ということにもなる。その地位は藤原氏や徳川家など歴史上の名門がこぞって求めたもので、戦前の記憶も色濃い昭和30年代には重すぎる称号だった。宮内庁への返答前の最後の家族会議は、沈痛な空気に包まれたという。

実際に、手にした栄誉に比例するように、ご婚約発表後正田家に向けられた批判やバッシングは激しかった。「婚約を辞退しろ」という内容や嫌がらせ目的の電話がひっきりなしにかかり、マスコミの取材合戦や激励の電話さえ正田家の人々を悩ませた。

加えて〝ミッチー・ブーム〟は、東京の新名所として正田邸前に観光バスが回ってくるというほどの過熱ぶりで、全国各地から続々と届く「お祝いの品」への対応も苦労の種になっていた。

しかし、正田家の人々のこころを最も傷つけたのは、〝平民〟であることを揶揄《やゆ》する陰口と、美智子さま個人への批判だった。こうした風潮を煽《あお》ったのは、ことさらに身分の差をクローズアップするマスコミ報道だった。

正田家は、こころない批判にひたすら「耐える」ことを選んだ。英三郎さんがふと漏らした「娘が嫁いでいくのは寂しい」という率直なひとことさえ「不敬だ！」と揚げ足を取られる状況で、ほかに道はなかったともいえる。家に届けられる祝いの品も、千羽鶴と子どもが描いた絵のプレゼント以外はすべて添え状をつけて送り返す方針が採られた。

昭和34年（1959）、ご成婚前に正田邸の縁側に座る母・正田富美子さんと美智子さま。

粉屋の娘

「平民の娘」の皇太子妃誕生について批判的だったのは、特に家柄を誇る上流階級出身の女性たちだったといわれる。父・正田英三郎さんが日清製粉の社長であることから、美智子さまを「粉屋の娘」と呼んだり、母・富美子さんが少女時代までを上海で過ごしていたことから「上海夫人」「上海マダム」と呼んだりするようなことがあったという。

婚約決定の奉祝提灯行列に正田邸の2階から手を振る美智子さま。正田邸は観光名所と化し、連日多くの人々が詰めかけた。両親へのこころないバッシングに対して、美智子さまは「親不孝でございますわね」と心境を吐露されたこともあった。

日本中が注目した おふたりのご成婚

昭和34年（1959）4月10日、美智子さまは家族に見送られて正田邸を後にし、正式に皇室の一員となる。ご成婚の模様は史上初めてテレビで生中継されることになり、テレビ普及率は急上昇して一気に200万台を突破している。

平安絵巻さながらの装束の皇太子さまと美智子さまが宮中三殿に参る「結婚の儀」の様子も中継されたが、皇居の神域にテレビカメラが入ったのも初めてのことである。国民は宮中の神秘的な儀式を、文字通り初めて目の当たりにした。

午後には燕尾服《えんびふく》とローブ・デコルテの洋装にお召し替えされ、午後2時30分、皇居前の二重橋から渋谷区の東宮仮御所までの

投石事件

ご成婚パレードで皇太子さまと美智子さまを乗せた馬車が出発した直後の午後2時37分、祝田町の四つ角を右折した際、ひとりの少年が警備員の間をくぐりぬけ馬車めがけて駆け出し、こぶし大の石２個を投げつけた。そのうちの１個は、馬車の紋章の下部に命中。犯人はその場で取り押さえられたが、美智子さまの苦難の前途を暗示させる事件だった。

昭和34年（1959）

生中継された若きプリンセスの誕生
53万人が祝福した世紀のご成婚

昭和34年（1959）4月10日に行われたご成婚パレードには53万人が沿道を埋めた。パレードは史上初めて生中継された。17日からおふたりは関西に行幸啓され、伊勢神宮、神武天皇陵、明治天皇陵を参拝し、ご成婚を報告された。

約8・8キロにわたって、おふたりを乗せた馬車が通るパレードが行われた。朝までの雨もすっかり上がり、パレードは最高気温26度にせまる好天の下で華々しく繰り広げられた。おふたりが乗るのは6頭立ての儀装馬車、付き添う騎馬隊37騎という壮観で、沿道に詰めかけた観衆は、53万人ともされる空前絶後の数を記録した。

皇居から遠く離れた大阪御堂筋でも、お祝いの気持ちを表そうとおふたりの写真を飾ったお手製馬車の行進が行われた。ご本人はいないにもかかわらず、この〝パレード〟にも多くの人が沿道から小旗を振って祝福したという。また、ご成婚記念切手などの「公式記念品」のみならず、街には記念プレートやおふたりを象った人形などがあふれた。

昭和34年（1959）

美智子さまへの宮中いじめ

菊のカーテンの内側ではじまった苦難

おひとりで飛び込んだ菊のカーテンの先

「民間出身の皇太子妃」に最も抵抗を感じたのは、それまで独占的に皇族妃を送り出していた旧皇族や旧華族といった階級の人々だったといわれる。

その反感は、例えば冠婚葬祭で衣装の打ち合わせをしない、というようなかたちでも現れた。ある席では、妃殿下方がみな黒真珠のネックレスを着けているのに美智子さまだけがしていなかった。別の場面では美智子さまのみ場違いな扇子を持って恥ずかしい思いをされたといった生々しい証言も見られる。また、美智子さまが東宮御所のキッチンでかぼちゃのお菓子をつくり、皇后さまにお届けになられたことがあったが、実は皇后さまはかぼちゃがお嫌いだった。女官

ご心労は隠し切れないものになっていた。

この会見で、美智子さまは「時には八方ふさがりのような気持ちになることがあります」とつらい内心を吐露されている。その後の流産などの心労も重なり、美智子さまは結婚時より10キロもやせられたが、美智子さまへの〝いじめ〟がなくなることはなく、長年にわたって続いた。

昭和34年（1959）4月10日、「結婚の儀」の後に初めて昭和天皇皇后両陛下にご挨拶する「朝見の儀」での記念写真。外部からはうかがいしれない宮中について、マスコミは東西冷戦の「鉄のカーテン」になぞらえて「菊のカーテン」と表現した。

たちはみな皇后さまがかぼちゃをお嫌いなことを当然知っていたが、誰も美智子さまに伝えることがなかったという。宮中にこうした空気があったことは当時の入江相政侍従長も日記に残しており、決して〝下衆《げす》の勘ぐり〟という次元のものではなかった。

　ご成婚時には「お月さま」と形容された美智子さまのお顔は1年後には相当にやつれ、記者会見でも「最近やせておられますが？」との質問が出るほど、

聖書事件

美智子さまには多くのバッシングがあったが、そのひとつに聖書事件がある。美智子さまが聖書を勧めたことで、義宮さま（現・常陸宮正仁親王）がキリスト教に傾倒したとされ、これに昭和天皇が激怒した、というものだ。後にこれはつくり話であることが判明する。ミッション系学校出身の女性が皇室入りすることに反対する勢力がいたのだ。

昭和34年（1959）

ご成婚の17日後に父母と再会

初のお里帰りで皇太子さまが感じたぬくもりの家

ご成婚後に皇太子さまが初訪問

ご結婚されるまでは皇太子が一民間人の家をご訪問することなど考えられず、皇太子さまはプロポーズさえ電話越しに伝えなければならなかった。皇太子さまが初めて正田家を訪れたのは、世紀のご成婚から17日後、昭和34年（1959）4月27日の美智子さまのお里帰りの日のことだった。

正田家では、愛娘との再会と皇太子さまの行啓という二重の幸せに沸き上がり、おふたりを迎えるため、女性陣は朝から腕によりをかけて美智子さまの好物を仕込み、皇太子さまのためにと中華料理のシェフを自宅に招いてもてなしの準備をした。皇太子さまは普段食べない中華の味に満足されたが、何よりも初めて肌で感じた家族団らんのあたたかさに感動されたといわれる。

当時の皇室制度では天皇の子どもはおのおの里子に出される慣わしで、皇太子さまもご両親や弟の義宮さま、姉妹の内親王方とは別々の屋根の下で生活した。両親とのなにげない会話や兄弟げんかなど、一般家庭では当たり前の日常さえ経験されずに育ったのである。

そんな幼少期、青年時代を過ごされた皇太子さまにとって、正田家での団らんは〝理想の家庭像〟と映ったことだろう。美智子さまの公式のお里帰りは2～3年一度程度だったが、お忍びではたびたび正田邸を訪れることがあったとの関係者の証言もある。美智子さまと母・富美子さんは楽しそうに語り合い、皇太子さまもリラックスして帰りの予定時間が遅くなることもあるほどだったという。

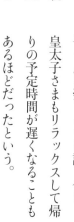

昭和36年（1961）1月19日、正田邸をご訪問された皇太子さま、美智子さま、浩宮さま。正田邸のほか、マスコミの目が離れる長野県軽井沢の正田家別荘も、皇太子ご一家と正田家の団らんの場となった。

マントルピース

正田邸の居間には家族が集い、語り合う場所としてマントルピース（暖炉）が据えられており、美智子さまはご成婚後に家族について「わたくしの家にはマントルピースの据えられた居間がありました。一家全員が火を囲んで語らうひと時が本当に楽しかった」と思い出を語られている。マントルピースは一家団らんの象徴として、東宮御所にも設けられた。

昭和35年（1960）

日本中が注目した「将来の天皇」の誕生

皇室初の病院出産

出産のために宮内庁病院を大改装

ご成婚から間もなく「妃殿下ご懐妊」のニュースが報じられ、国民は再びの祝賀に沸いた。出産のための御用掛となった東京大学医学部産婦人科の小林隆教授（当時）のもと、東大、宮内庁病院、東宮侍医団からそれぞれ精鋭が集められ、準備が進められていった。

ご出産は宮内庁病院で行われることとなったが、病院が皇太子妃のお産を扱うのはこれが初めてだった。戦前、天皇家のお産は最高の設備を整えた宮殿内御静養室で行われていたのだが、戦後その施設はなく、自然と宮内庁病院が第一候補になり、状況によっては東大病院を使うことも視野に入れられていた。

宮内庁病院は「産婦人科だけ日本最先端」といわれるほどの万全の設備を整え、美智子さまご自身も、母・富美子さん直伝の育児日記や英文の育児書を読破し、本物の赤ちゃんそっくりの人形を相手におむつの取り替えなど〝実技実習〟まで積まれてその日を待った。

昭和35年（1960）2月22日、予定日の3月2日より1週間以上早いこの日の夜、美智子さまは突然の陣痛に襲われる。日付が変わった23日の深夜には東宮仮御所から宮内庁病院に移動。入院後一時的に陣痛は収まり、再びの兆候は23日の昼過ぎに訪れた。

そして午後4時15分、ご出産。ここでも伝統に則り宮内庁次官と管理部長が「見届け役」を務めた。産室に入って約20分後、理想的な安産で、美智子さまは第一子となる浩宮さまを出産された。

医師団

宮内庁病院は当時、「ボロ小屋」と呼ばれるほど老朽化していたため大改装され、最先端の医療機器が用意された。美智子さまの出産を担当した医師や看護師は、当時の皇室のしきたりに従い病院内の風呂で、斎戒沐浴（体を洗い、心身を清めること）をして対応に当たった。母子ともに健康という最高の結果に医師団はシャンパンで祝杯をあげたという。

昭和35年（1960）4月、誕生から50日を迎えた浩宮さまを抱かれる美智子さまと皇太子さま。プレッシャーの中、臨まれた第一子のご出産が無事に終わり、一家団らんの時間を過ごされることになった。

昭和36年（1961）

東宮御所につくられたキッチン

お弁当づくりに励まれたプライベートキッチン

皇太子さまの好物のカレーライスをつくる

美智子さまが皇室に入られた昭和30年代前半には、白黒テレビ、洗濯機、冷蔵庫の3つの家電が「三種の神器」と呼ばれ多くの庶民に買い求められた。こうした中、美智子さまは、結婚したら皇太子さまに手料理を振る舞いたい、というお気持ちがあり、新築されるおふたりのお住まいには大膳課（厨房係）とは別に美智子さま専用のキッチンが備えられ、冷蔵庫も用意さ

れた。

美智子さまはここで皇太子さまの好物のカレーライスなどをつくり、お子さまが幼稚園や学校に通うようになってからは毎朝お弁当づくりを日課にされた。お子さまが通われる学習院では給食が出るのは初等科だけで、それぞれのお子さまの幼稚園時代、中等科・高等科時代と、特別な事情のない限りは美智子さまがお手製のお弁当を準備した。人気のメニューは鶏そぼろや炒り卵を使った三色弁当だったそうだ。

美智子さまは毎朝5時に起床し、健康のために40分ほど散歩をしてからお弁当づくりに取り組まれた。浩宮さま、礼宮さまが初等科時代、剣道の稽古で早朝に通学される時には、さらに早く起きて朝ごはん用のお弁当をつくってお渡しになることもあったという。

一方で、「皇太子妃殿下が台所に入るとは……」「皇太子妃には料理よりもほかにやることがある」「専門の大膳課を軽視している」といった批判もあった。しかし、美智子さまは自ら腕を振るわれ、愛情のこもったお弁当は今でもお子さま方の話題にのぼることがあるという。

昭和36年（1961）、東宮御所のキッチンで料理をされる美智子さま。東宮御所はご成婚翌年の昭和35年（1960）に竣工し、美智子さま専用のキッチンがつくられた。モダンなキッチンは当時の女性たちの憧れとなった。

三種の神器

高度経済成長によって、一般家庭の憧れの象徴となった3つの製品のこと。昭和30年代前半には「白黒テレビ・洗濯機・冷蔵庫」が「三種の神器」と呼ばれ、昭和30年代後半にはこれに代わり「カラーテレビ・クーラー・自家用車」が「新三種の神器」と呼ばれた。これらの製品によって人々のライフスタイルは大きく変化した。

子どもたちを思う
おふたりのお気持ち

昭和30年代、高度経済成長期の中で子どもが自由に遊べる自然が減り、遊びはもっぱら人工的な遊具が中心という時代になりつつあった。皇太子さまと美智子さまが特に気にかけられていたのがこうした子どもたちを取り巻く環境についてだった。

　おふたりは、子どもたちが自然の中で創意工夫しながら遊べる場所が必要と考え、ご成婚に際して全国から寄せられていたお祝い金を「子どもたちのためになる施設に使ってほしい」と表明されたのだ。

　このお気持ちは多くの国民の共感を呼び、その後も個人や団体から多くの寄付が寄せられた。そしてこの寄付金をベースにつくられたのが、現在も神奈川県

昭和37年（1962）

ご成婚のお祝い金によって誕生した「こどもの国」

遊び場が少なくなった子どもたちへのおこころ

昭和43年（1968）、美智子さまと礼宮さまがご覧になる中、「こどもの国」（神奈川県横浜市青葉区奈良町700）のすべり台に乗る浩宮さま。ご成婚のお祝い金をもとにつくられたこどもの国は、豊かな自然の中で多くの子どもたちが楽しむ場所になっている。

1000万人都市

昭和32年（1957）に世界一となった東京の人口はその後も増え続け、昭和37年（1962）に世界で初めて1000万人を突破した。これに伴い首都圏にはマンモス団地の造営が進められるようになった。その後、人口は東京都周辺部のベッドタウンへと流れていったが、昼間の人口では依然として世界有数である。

横浜市にある「こどもの国」である。昭和37年（1962）4月5日に「こどもの国」の起工式が執り行われると、同30日におふたりは早速工事の現場をご視察された。翌昭和38年（1963）にはつがいの白鳥を寄贈されるなど、「こどもの国」の実現にひとかたならぬお気持ちを寄せられていた。

「こどもの国」には、現在も家畜が見られる牧場や小動物とのふれあいの場が設けられているが、「動物とふれあえる場を」というアイデアを出されたのは皇太子さまだったのだ。昭和40年（1965）5月5日の開園式に出席された皇太子さまは、子どもたちが日本の美しい自然と人工の調和を重んじる感覚を身につけていくことを望むという趣旨のお言葉を述べられている。

悲しみの中で巻き起こるマスコミのバッシング

昭和38年（1963）3月、宮内庁は美智子さまが第二子をご懐妊されたことを発表。再びの「おめでた」に国中が沸いたが、その陰ではある心配事が美智子さまを悩ませていた。美智子さまへのマスコミの取材攻勢は日に日に激しいものとなり、事実ではない憶測記事や、プライバシーに踏み込むような記事が目立つようになってきたのだ。

重なる精神的ストレスからか、ご懐妊発表直後から美智子さまの体調は極度に悪化された。さらに、危険な異常妊娠であることが判明し、3月22日、美智子さまは流産の手術を受けられた。心身ともに深く傷ついた美智子さまは、葉山御用邸、軽井沢、奥日光と場所を変えながら長期

昭和38年（1963）

第二子の流産と美智子さまを救った精神科医

美智子さまを襲った人生最大の悲しみ

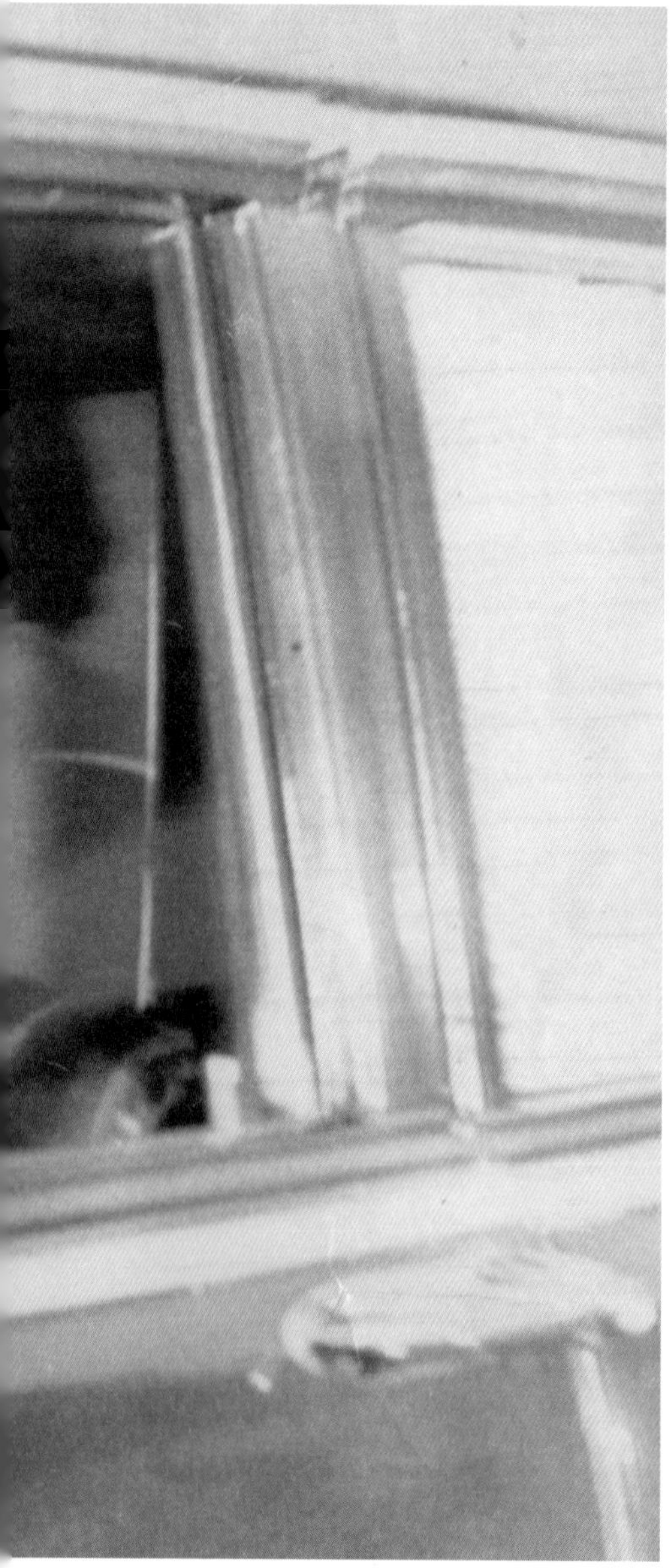

皇太子妃の単独会見

昭和39年（1964）2月、美智子さまは、国民に現状を伝えたいという宮内記者会たっての願いから単独の記者会見に応じられた。皇太子妃の単独記者会見は極めて異例のことである。会見内容は浩宮さまについてのものに限られたものの、会見の最後に美智子さまは「私の健康のことでご心配をかけました国民の皆さんによろしく」とお言葉を残された。

間の療養生活を余儀なくさせられてしまったのである。カーテンを閉め切った暗い部屋で電気もつけず、用件は筆談で済ませ会話すらしないという極限の状態だった。この時に書かれた友人への手紙には「今はただひとり沈ませていただきます」という悲痛な言葉が記されている。

約4ヶ月のご静養の後、美智子さまは公務に復帰するが、その後もこころの傷は残り続けた。そんな美智子さまの大きな救いになったのは、精神科医・神谷《かみや》美恵子さんとの年に数回の談話だったといわれる。神谷さんが初めて東宮御所を訪れたのは流産から2年後で、談話はしばしば3時間以上にも及んだ。価値観を共有できる神谷さんへの内心の告白は、美智子さまにとって計り知れない癒やしになったという。

昭和38年（1963）3月22日、流産の手術のため宮内庁病院に向かわれる美智子さま。深く傷ついた美智子さまは4ヶ月にわたってご静養されることになった。ご静養中、美智子さまは国民から届けられた手紙や千羽鶴をお部屋に飾ってご覧になったともいわれる。

昭和39年（1964）
東京パラリンピック開催に尽力した美智子さま
変わらずに注がれる障害者福祉へのまなざし

今日まで続くパラリンピック

上皇上皇后両陛下は、皇太子時代から一貫して障害者福祉に深くおこころを寄せられている。国内、国外を問わず両陛下がご訪問先でできるだけ多くの障害者福祉施設を訪ねられるのも、そのお気持ちの表れだ。

昭和39年（1964）には、東京オリンピックに合わせて東京パラリンピックが開催されているが、その背景に美智子さまのご尽力があったことはあまり知られていない。それまで障害者のためのスポーツ競技会として国際ストーク・マンデビル競技大会が行われていた。ローマでこの第19回大会を視察した労働省（当時）の担当者が、美智子さまに「東京でも同様の大会を開くことはできないでしょう

昭和39年（1964）10月、東京オリンピックを観戦される美智子さまと浩宮さま。東京パラリンピックは東京オリンピックの翌月に開催された。皇太子さまと美智子さまは名誉総裁に就任され、開会式や閉会式に出席されたほか、連日競技会場に足を運ばれた。

東京パラリンピック

昭和15年（1940）に開催される予定だった東京オリンピックは日中戦争の影響によって中止された。昭和39年（1964）に開催された東京オリンピックは日本の悲願であるとともに人々に戦後を脱却したことを強く印象付けた。続いて開催された「パラリンピック」は東京大会の際に日本で名付けられた名称である。

か」と相談をし、これを受けて美智子さまが関係各方面に話をされたことで開催に筋道がつけられたのだといわれる。

東京パラリンピックでは皇太子さまと美智子さまが名誉総裁に就任し開会式にも列席されているが、おふたりは形式上の関わりだけでなく、連日会場を訪れて選手を激励し、大会の終了後には東宮御所に関係者を招待して慰労の機会を設けられた。パラリンピックがオリンピックとセットの大会として定着するのは20年ほど後、１９８８年のソウル大会からである。おふたりのお気持ちはそれだけ時代に先駆けたものだったのである。

平成10年（１９９８）の長野パラリンピックでは、競技を観戦中の美智子さまが会場でのウェーブに加わり応援する場面が話題となった。

第5章
民間出身初の皇后となられた美智子さまの 忍耐と慈愛の軌跡

平成2年(1990)11月12日、皇居・正殿松の間で行われた「即位礼正殿の儀」で、高御座からお言葉を述べられる天皇陛下と御帳台の美智子さま。天皇陛下とともに、民間出身初の皇后として、約30年の平成の国母の道を歩まれた。

マスコミのバッシングによる失声症の発症、美智子さまと同じく
民間から皇室入りされた雅子さまへのこころない声、
「平成流」といわれた被災地への慰問……。
美智子さまが歩まれた平成の国母の道は、
度重なる苦難に対して忍耐と
慈愛を持って応えられた日々でもあった。

昭和のシンデレラから平成の国母へ

昭和64年（1989）1月7日、昭和天皇が崩御されると、皇太子明仁親王は直ちに践祚《せんそ》し、第125代天皇が誕生した。同時に美智子妃殿下は皇后となられた。同日、新元号として「平成」が発表され、翌1月8日から平成元年がはじまった。

1年間の服喪期間の後、平成2年（1990）1月には即位式の日取りが決められ、同11月12日、昭和の大礼《たいれい》以来62年ぶりとなる平成の即位礼が執り行われた。両陛下は朝5時に起床して一世一代の大礼に備えられた。赤坂御所から皇居に移動すると、ともに純白の衣装を召され、宮《きゅう》中三殿《ちゅうさんでん》で天地《あめつち》の神々と歴代の天皇皇族の御霊《みたま》に即位をご報告される「賢所大前《かしこどころおおまえ》の儀」を行わ

れた。続く神事の後、場所を皇居正殿に移し、国内外から２０００人以上の賓客を招いての「即位礼正殿の儀」へ。高御座《たかみくら》の天皇陛下は禁色《きんじき》（天皇にのみ許された色）の衣をまとって即位を宣言し、美智子さまは古式ゆかしい十二単《じゅうにひとえ》姿で儀式に臨まれた。同日夜には各国元首など３５００人の要人を招いて盛大な「饗宴の儀」が催され、おふたりは名実ともに新天皇・皇后としての第一歩を踏み出された。

即位礼を終えた後の記者会見で、「天皇陛下にお望みになることは？」という記者からの質問に、美智子さまは「陛下のお仕事が、ご健康で果たされていくようにお祈りしております」と、天皇陛下の健康を願う率直な心情を語られた。即位礼の後のパレードでは11万人もの人々が沿道を埋め、即位を祝福した。

平成元年（１９８９）

内憂外患の中を歩まれた平成のはじまり

皇太子妃から皇后へ

平成２年（1990）11月12日、「即位礼正殿の儀」の後の祝賀パレードでは、即位を祝う11万人を超す人々が沿道を埋めた。天皇皇后両陛下を乗せた車列は、行進曲「平成」の演奏に送られながら皇居から赤坂御所までの約4.7キロを約30分かけて進んだ。

宮中三殿

皇居吹上御苑にある宮中三殿は明治時代に建てられたもので、皇祖である天照大神を祀る賢所を中心に、向かって左側に初代神武天皇以降の天皇と皇族を祀る皇霊殿、右側に天神地祇・八百万の神々を祀る神殿で構成されている。宮中三殿では、主なもので年間20あまりの祭祀が行われる。祭祀は大祭と小祭に分けられ、大祭では天皇陛下自ら祝詞を奏される。

平成2年（1990）

民間出身の皇太子妃となられた美智子さまのサポート

紀子さまと雅子さまの皇室入り

ふたりの妃殿下への美智子さまのおこころ

平成2年（1990）には、秋篠宮妃として紀子《きこ》さまが、平成5年（1993）には皇太子妃として雅子《まさこ》さまが、皇室入りされた。美智子さまは、新しく皇室の〝お嫁さん〟になったふたりの妃殿下には決して同じ思いをさせないと決意していたともいわれ、東宮家と秋篠宮家のご両家との家族ぐるみでの交流におこころを砕いてこられた。

美智子さまが皇后となってから初めて民間出身皇族となる紀子さまについて、美智子さまは「わたくしのような目にあわせてはいけない」とおっしゃったという話も伝わっている。

美智子さまはふたりの妃殿下の皇室入りにあたって、それぞれに大切にしていた指輪をプレゼントされている。新郎の母から新婦に指輪を贈る習慣は欧米にはよく見られるもので、嫁いでくる女性を家族の一員として受け入れるといった意味がある。指輪のプレゼントは美智子さまから妃殿下方への〝母娘〟としての愛情の表現だった。

皇室ではお子さま誕生には犬《いぬ》張子《はりこ》、親王の初節句には檜兜《ひのきかぶと》という工芸品を天皇から賜る伝統があったのだが、技術継承の問題で長らくその文化が途絶えていた。両陛下は愛子《あいこ》さまご誕生の際、これを復活できないかと職人に相談し、おふたりの後押しもあって平成13年（2001）、見事に犬張子復元に成功した。悠仁《ひさひと》さまの節句には同様に檜兜がよみがえり、幾久しく健やかにという両陛下の愛情がお孫さまに届けられている。

3人をつなぐ恩師の縁

夫婦揃って小学校教員という中坪さんご夫妻は、夫の昭義さんが紀子さまを、妻の静子さんが雅子さまを受け持ったことがあった。ただ、残念ながらどちらもわずかな間で転校してしまったという。また美智子さまの幼稚園時代の恩師・和田育子さんは、美智子さまを受け持った31年後に雅子さまのお受験の個人授業を担当したことがある。

平成9年（1997）10月15日、赤坂御苑で行われた秋の園遊会で来賓に挨拶される天皇皇后両陛下、皇太子ご夫妻、秋篠宮ご夫妻。ご自身と同じく民間から皇室入りされた雅子さまと紀子さまに美智子さまはおこころを寄せた。

平成4年（1992）

身を挺して天皇陛下をお守りするお姿

暴漢から天皇陛下を守った4秒間

周囲を気遣いながら身を挺する姿勢

平成4年（1992）10月4日、天皇皇后両陛下は山形県で開催される第47回国民体育大会（べにばな国体）の秋季大会開会式に出席のため天童《てんどう》市をご訪問された。天皇陛下が祝辞を読まれているまさにその時、事件が起きる。ひとりの男が突然競技場に走り出てきて「天皇訪中阻止！」を叫ぶと、両陛下の方に向かって発煙筒を投げつけようとしたのだ。

この月に両陛下の初の中国ご訪問が予定され、暴挙はこれに抗議するものだった。男は即座に警備員に取り押さえられ、幸い発煙筒が届くことはなく、両陛下に怪我はなかったが、この時一部始終を撮影していたテレビカメラには、美智子さまのある行動がはっきりととらえられていた。

会場の異変を察知した瞬間、美智子さまは天皇陛下をかばうようにわずかに身を乗り出し、とっさに右手を差し出されたのだ。暴漢が取り押さえられるまでの時間はわずか4秒間。その後、大事にならないようさりげなく、元の姿勢に戻られた。

当時の映像を確認すると、それはまるで〝無意識のうちに〟というほどの素早い動きで、判断にはわずかな躊躇《ちゅうちょ》も感じられない。いつ何時でも「何かがあれば天皇陛下をお守りする」とこころの底から決意されているような、美智子さまの強い思いが垣間見えた瞬間だった。

17年前の昭和50年（1975）の沖縄ご訪問の際にも、両陛下はひめゆりの塔視察中に過激派から火炎瓶を投げつけられるという経験をされている。

天皇訪中

1989年の中国・北京で起きた天安門事件以降、国際社会から非難されていた中国へのご訪問は「中国に政治利用されるのではないか」という批判があった。さまざまな意見がある中、天皇皇后両陛下は政府の決定に従って平成4年（1992）10月23〜28日に中国を訪れた。べにばな国体の開会式は、天皇訪中の直前の出来事だったのである。

べにばな国体開会式で天皇陛下のお言葉中に発煙筒が投げられた際に、とっさに右手を差し出して天皇陛下をかばわれる美智子さま。17年前のひめゆりの塔事件では、皇太子さま（当時）が美智子さまの肩に手を回して身をかばわれた。

平成5年（1993）

皇后バッシングと失声症の発症

突然倒れられた59歳のお誕生日

3回あった失声症

美智子さまは過去に2回、失声症となられていたといわれる。1回目は、昭和37年（1962）の「聖書事件」で、美智子さまはこの「ガセネタ」による流言におこころを痛め、周囲の言葉に答えられない状態になったという。2回目に声を失ったのは、昭和38年（1963）の第二子の流産の時で、ご静養中、お付きの人への指示は筆談で行われたという。

皇后としての激務と〝女帝〟報道

美智子さまにとって、58歳の1年間は公私ともに激務の重なった年だった。お誕生日直後の平成4年（1992）10月23日からは、歴代天皇・皇后初となる中国ご訪問へ。翌5年（1993）4月には歴代初の沖縄ご訪問、6月には皇太子さまと雅子さまのご成婚。さらに7月は北海道南西沖地震の慰問、8～9月には葬儀や親善のため欧州諸国歴訪と続く。

激務をこなす美智子さまを苦しめたのが、この頃立て続けに書かれたバッシング記事だった。『週刊文春』の「吹上新御所建設ではらした美智子皇后『積年の思い』」という記事を皮切りに、週刊誌を中心に美智子さまが宮中で〝女帝〟のごとく振る舞っているという内容の記事掲載が繰り返された。

こうした一連の報道に対して、美智子さまは59歳の誕生日を前にした文書で「どのような批判も、自分を省みるよすがとして耳を傾けねばと思います。（中略）しかし事実でない報道には、大きな悲しみと戸惑いを覚えます」との異例のお言葉を発信される。

そして10月20日、お誕生日当日の朝、皇居での祝賀行事に向かおうとした矢先、美智子さまは突然お住まいの赤坂御所で倒れられた。

意識はその日の午後には完全に回復したが、声は出るものの言葉を発することができなかった。翌日に行われた医師団による精密検査の結果、頭部には問題ないが「なんらかの強い悲しみを受け一時的に言葉が出ない」状態、失声症だとの診断が下された。

平成5年（1993）10月20日のお誕生日当日、美智子さまは赤坂御所で、天皇陛下、紀宮さまとのご歓談中に倒れられた。翌日、美智子さまは紀宮さまとともに宮内庁病院を訪れ、精密検査を受けられた。

平成6年（1994）

「声なき皇后」の奇跡の回復

失声症のまま公務に復帰

平成5年（1993）11月9日、総合老人福祉施設高知市福寿園で入園者にお顔を寄せられる美智子さま。ご訪問後、入園者たちは声が出ないはずの美智子さまからあたたかいお言葉をいただいたと語った。

紀宮さまのサポート

美智子さまの言葉の回復を最も後押ししたのは、紀宮さまの献身的なサポートだった。紀宮さまはこの期間、ほぼつきっきりで美智子さまを看護され、メンタル面での癒やしにとクラシック音楽の生演奏をされることもあった。失声症の発症後、美智子さまの口から最初に出たささやきは、「陛下」「サーヤ（紀宮清子内親王の愛称）」だったともいわれる。

失声症の美智子さまの声を聞いた人々

平成5年（1993）10月20日に美智子さまを突然襲った失声症について、医師団は「一定の期間をかけて緩やかに完治する」と説明したが、それがいつなのかは明らかではなかった。

美智子さまは倒れられて間もない11月9日に、気丈にも天皇陛下に同行して総合老人福祉施設高知市福寿園をご訪問された。そこで美智子さまに会った人々は、ご訪問後に口々に美智子さまが「お大事になさってくださ い」「お身体を大切に」といった言葉をかけてくださったと話した。もちろんこの時、美智子さまは言葉を発することができない。しかし、必死に気持ちを伝えようとされる美智子さまのおこころは、人々に「声なき声」

として伝わったのだ。

発症から2ヶ月後の12月には、ご静養先の葉山御用邸で、ささやき声ではあったが言葉をお話しになれたことが、診察を担当した医師から報告される。そして平成6年（1994）5月18日、東京で行われた全国赤十字大会の場で、「本日、赤十字大会に出席し……」としっかりとした声で〝お言葉〟を述べられた。誕生日の発症から実に7ヶ月を経ての完全回復だった。直後に開かれた全国植樹祭でも、現地の女性に「頑張ってくださいね」とエールを送り感動を呼んでいる。

失声症を乗り越えられた美智子さまは、「もう大丈夫、私はピュリファイ（purify＝浄化する、精錬するというような意）されました」とおっしゃったとも伝えられている。

天皇陛下の前立腺摘出手術は平成15年（2003）1月18日に行われ、約3時間40分で無事終了した。2月8日、東大病院を退院され、皇居に戻られる天皇陛下と安堵のご様子の美智子さま。美智子さまはご病気の天皇陛下について、「これは夢の中の出来事で、今にほっとして目覚めることができるのではないか、と願ったことでした」と述べられた。

心臓バイパス手術

平成24年（2012）、天皇陛下はがん摘出以来の手術となる心臓バイパス手術を受けられた。執刀したのは「神の手」と称された天野篤さんで、手術前には美智子さま同席のもと、手術方法などを説明した。その際、美智子さまは合併症のことなどについて質問され、ひとつひとつ天皇陛下に「そうでございましょう」と同意を得られていたという。

平成15年（2003）

がん治療のために入院された天皇陛下を徹夜で看病

病院に泊まり込みで天皇陛下の闘病を支える

寄り添い合う変わらない夫婦愛

平成14年（2002）12月28日、「天皇陛下、前立腺にがん」という衝撃的なニュースが報じられた。明けて平成15年（2003）の早々、天皇陛下はがん切除の手術を受けるため東大病院にご入院。1月18日に行われた手術は無事に成功し、順調に回復された天皇陛下は半月後には吹上御所に一時外出、そして予定より1週間も早い2月8日には退院され、18日にはご公務に復帰されることとなった。

「驚異の回復力」と医師団をもうならせたほどの順調な手術後の経過の陰には、美智子さまの献身的な看病があった。入院にあたり、一般患者に迷惑をかけたくないとの天皇陛下のご意向から、侍従や警備の人数は最小限とし、その分を美智子さまと紀宮さまが付き添い、闘病を支えるという方針が採られた。

手術の当日、美智子さまは手術室の直前まで天皇陛下に付き添われ、入院中は終日病院で看病をされた。病院に泊まり込みとなる日も珍しくなく、時には徹夜で看病されたという。天皇陛下の体調が回復されてからは、全国から寄せられたお見舞いの記帳を少しずつ枕元に運び、おふたりで目を通された。

美智子さまの不安がどれほどのものだったかは想像に余りあるが、そうした中で、我が身を粉にして看病にあたられたのだった。天皇陛下の入院にあたり、ご回復を願う国民から寄せられた記帳者の合計は、5万1601人を数えた。

平成16年（2004）

適応障害になられた雅子さまへのおこころ遣い

繰り返し示された皇太子妃へのいたわりのお言葉

雅子さまへの美智子さまの「祈り」

平成16年（2004）、雅子さまが「適応障害」であるという医師の診断結果が発表された。時代や個別の背景こそ異なるものの、美智子さまご自身も何度も病気と療養の時期を経験されてきた。そして何よりも「皇太子妃」という立場に最も理解があるのが美智子さまである。美智子さまが、雅子さまの体調を常に気にかけ、心配されていることは、そのお言葉から知ることができる。

お誕生日に際しての会見でも折にふれ雅子さまについての質問が出るが、そのたびに、「できるだけ静かな環境をつくり、東宮妃の回復を見守っていきたいと思います」（平成17年）「今、東宮一家が健康や通学の問題で苦しんでおり、身内の者は皆案じつつ、見守っています。東宮家、秋篠宮家の家族を私はこの上なく大切なものに思っており、その家族ひとりひとりの平穏をこころから祈っています」（平成22年）といったお言葉で、雅子さまを「見守る」「祈る」というお気持ちを繰り返しお示しになっている。

皇太子ご一家が雅子さまの療養を兼ねてオランダをご訪問された平成18年（2006）には、雅子さまから滞在が素晴らしいものであったという報告を受けて、「あせることなく、しかし、その日が必ず来ることに希望をもって、東宮妃も、また東宮も、それまでの日々、自分を大切にして過ごしてほしいと祈っています」と強くかつ愛に満ちたエールを送られている。

雅子さまの重圧

平成になってもメディアによる過剰な皇室報道は続けられた。平成11年（1999）には朝日新聞が安定期に入っていないにもかかわらず「雅子さま 懐妊の兆候」とスクープし、その直後に稽留流産が発表された。平成13年（2001）の愛子さま誕生後には、「次はお世継ぎを」というプレッシャーが高まり、この頃から雅子さまは体調不良を訴えられていたという。

平成14年（2002）8月、須崎御用邸近くの三井浜を散策する美智子さま、雅子さま、愛子さま。雅子さまに抱かれた愛子さまを美智子さまが優しくあやされている。美智子さまは折にふれて雅子さまを「大切な人」として、回復を祈り、見守る姿勢を示された。

RÊVE DE FEMME

平成28年（2016）2月、葉山御用邸近くの海岸を散策される天皇皇后両陛下。この年の8月に天皇陛下は譲位を望むお言葉を発表された。その背景には、高齢による「象徴天皇としての務め」への懸念があった。

平成28年（２０１６）

天皇陛下への深い愛情とマスコミ報道での痛み

「生前退位」について言及された美智子さま

安易に使われた「生前退位」の単語

平成28年（２０１６）10月20日、美智子さまは82歳のお誕生日を迎えられた。これに際して宮内庁は美智子さまのお言葉を発表。このお言葉の中で天皇陛下の「生前退位」について初めてふれられた。

「私は以前より、皇室の重大な決断が行われる場合、これに関わられるのは皇位の継承に連なる方々であり、その配偶者や親族であってはならないとの思いをずっと持ち続けておりましたので、皇太子や秋篠宮ともよく御相談の上でなされたこの度の陛下の御表明も、謹んでこれを承りました。ただ、新聞の一面に『生前退位』という大きな活字を見た時の衝撃は大きなものでした。それまで私は、歴史の書物の中でもこうした表現に接したことが一度もなかったので、一瞬驚きと共に痛みを覚えたのかもしれません。私の感じ過ぎであったかもしれません」

美智子さまが「それまで私は、歴史の書物の中でもこうした表現に接したことが一度もなかった」とあるように、「生前退位」という言葉はもともと存在しない。「生前」は、故人が生きていた時を意味したり、「生前贈与」といった死後の反対語として使用される。いずれにしても「死」を連想させる言葉である。

また「退位」だけでは皇位の継承の意味合いが含まれていない。「生前」「退位」といったふたつの言葉はいずれも終焉《しゅうえん》を強く連想させるものであり、その生々しさを美智子さまは敏感に感じ取られたのである。

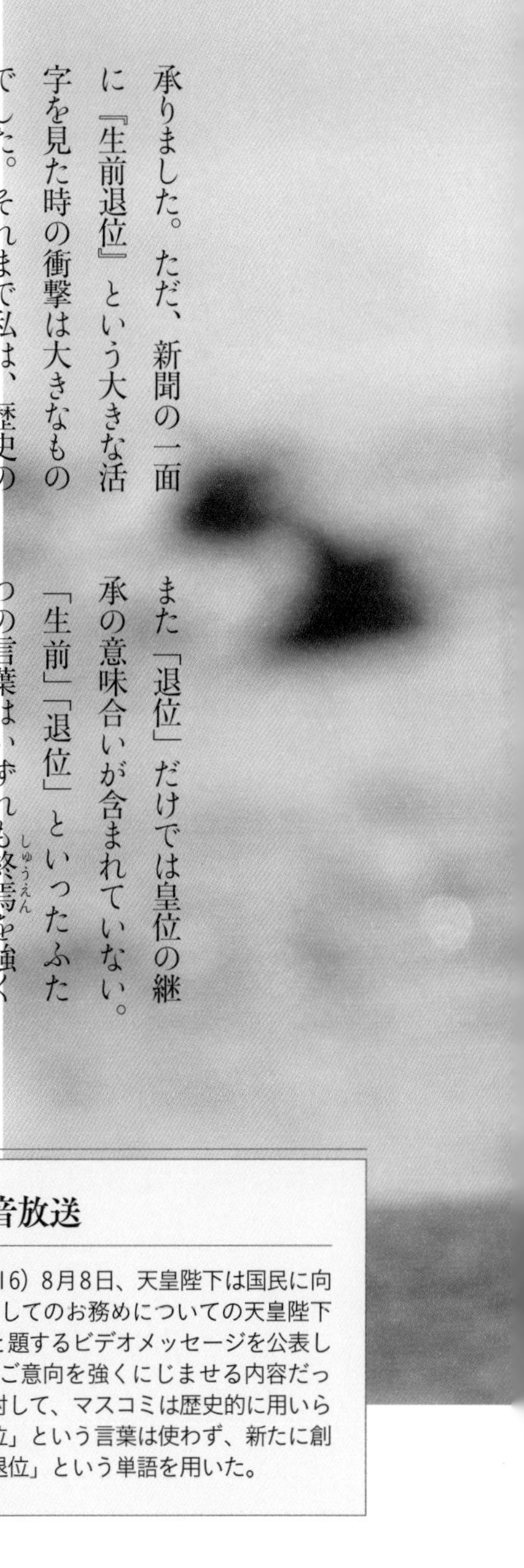

平成の玉音放送

平成28年（2016）8月8日、天皇陛下は国民に向けて、「象徴としてのお務めについての天皇陛下のおことば」と題するビデオメッセージを公表した。「譲位」のご意向を強くにじませる内容だったが、これに対して、マスコミは歴史的に用いられてきた「譲位」という言葉は使わず、新たに創作した「生前退位」という単語を用いた。

令和5年（2023）

上皇陛下とおふたりで過ごされる日々 上皇后として変わらぬ慈愛

4年ぶりに私的旅行へ

美智子さまは上皇后となられてから、現在の天皇皇后両陛下に遠慮されてか、公式な場でのお言葉などは発表されなくなった。ただし、ご様子やご活動は宮内庁が公式サイトで発表しており、思い出の地である軽井沢でのご静養や美術館のご訪問などをされている。

令和5年（2023）には4年ぶりとなる私的旅行をされ、京都府と奈良県をご訪問された。美智子さまはこれまで皇室ゆかりの文化財の支援をされてきた。

美智子さまは、修復が完了した昭憲皇太后（明治天皇の后）の大礼服を見学された際、修復に携わった職人に「大変な仕事ですが、頑張って続けてください」と語られたという。また、沖縄県慰霊の日、広島・長崎原爆の日、終戦記念日並びに阪神淡路大震災、東日本大震災の発生日には、天皇陛下とご一緒に黙とうされるなど、平和への祈りを続けられているご様子だ。

お代替わりの半年前の平成30年（2018）10月20日のお誕生日に際して、美智子さまは、「読み出すとつい夢中になるため、これまでできるだけ遠ざけていた探偵小説ももう安心して手元に置けます。ジーヴスも2、3冊待機しています」と語られている。令和5年10月20日の宮内庁発表では、最近求められた書籍は、古川安著『津田梅子：科学への道、大学の夢』、辺見じゅん著『収容所（ラーゲリ）から来た遺書』、ロビン・ウォール・キマラー著『植物と叡智の守り人』などだという。皇室入りしてから60年以上にわたって公務にあたられた美智子さまは、上皇陛下とともにようやくこころ穏やかな日々を過ごされている。

令和元年（2019）年11月1日、日本で行われたラグビーワールドカップの3位決定戦を観戦される上皇上皇后両陛下。譲位後の両陛下は、公式の場の多くから退かれ、天皇皇后両陛下を見守られている。

ご養蚕《ようさん》

代々の皇后は宮中で養蚕を行うことが伝統となっている。これは明治4年（1871）に昭憲皇太后がはじめたもので、皇居内には紅葉山御養蚕所がある。お代替わりによって令和2年（2020）から、上皇后美智子さまから皇后雅子さまに引き継がれた。令和4年（2022）からは、皇后が受け継いできた養蚕作業に天皇陛下と愛子さまも加わっている。

第6章

海外メディアが報じた皇室外交と美智子さま

皇室の外国訪問は基本的に相手国の招待を政府が考慮した上で決定される。現存する世界最古の王室とされる日本の皇室は、世界各国の元首・王族からも尊敬されており、政治を超えた国と国との親善に役立っている。世界が目撃した美智子さまのお姿を振り返ってみよう。

昭和39年（1964）5月、昭和天皇の名代（代理）としてメキシコをご訪問された皇太子さまと美智子さまをメキシコ国民は紙吹雪で歓迎した。美智子さまは昭和35年（1960）のアメリカご訪問以降、60ヶ国近い国々を訪れている。

28·21·74

1955年に開業したばかりの世界初のディズニーランド（カリフォルニア州）で、ウォルト・ディズニー夫妻と一緒にコーヒーカップの遊具に乗られる皇太子さまと美智子さま。

ご出産から半年での皇室外交デビュー　アメリカご訪問

初の皇室外交とディズニーランド

　ご成婚後、皇太子さまと美智子さまがおふたりで初めてご訪問されたのはアメリカ合衆国である。皇太子時代におふたりがご訪問された国は36ヶ国を数え、移動の総飛行距離は地球17周分にもなるという試算もある。

　昭和時代のおふたりの外国訪問は、8割が天皇の名代《みょうだい》（代理）というお立場でのものだったが、昭和35年（1960）のアメリカご訪問は日米修好通商100周年を記念し、皇太子同妃両殿下として「ご指名」で招待を受けてだった。

　2月に浩宮さまを出産されたばかりの美智子さまにとって、産後半年あまりで16日間という長期間にわたる外国訪問だった。美智子さまは、女性記者との歓談や、美術館、博物館のご訪問など、単独での公務も多くこなされている。皇太子妃となってわずか1年半、美智子さまは皇族代表、日本の代表としてご公務を果たされたのである。

　ご訪問は全米8都市を巡行する強行日程だった。現地メディアは、「美智子さまが終始ほがらかで人々の期待通りの姿をみせていた」と好意的に報道している。多くの日系人が暮らすロサンゼルスでの歓迎は熱狂的で、約1万人の現地邦人、日系人が集まったといわれる。

　アメリカご訪問中、美智子さまは連日睡眠時間が数時間というハードスケジュールに、ブドウ糖注射をしながら耐えられたという。またアーリントン墓地やハワイの軍人墓地での供花、パールハーバーでの黙とうなど、おふたりの戦没者への慰霊の旅はこの時すでにはじまっていたともいえる。

昭和35年（1960）11月、インドのニューデリーに到着した際、歓迎を受ける皇太子さまと美智子さま。おふたりは、酪農場や村落開発計画のモデル農村となっていたニスタリー村などを視察し、積極的に現地の人々と交流された。

3ヶ国の王室との外交デビュー

アメリカご訪問からわずか1ヶ月後、皇太子さまと美智子さまはイラン、エチオピア、インド、ネパール4ヶ国歴訪の旅に立たれている。当時、イランはパーレビー国王、エチオピアはハイレ・セラシエ1世、ネパールはマヘンドラ国王をそれぞれ戴く君主制国家であり、美智子さまにとってこの旅は他国の王室との外交デビューの場でもあった。

昭和35年（1960）11月14日にイランの首都テヘランに到着したおふたりは、国王をはじめ王族方と交流を深め、皇太子さまはイラン国の議会でお言葉を述べられている。古都イスフアハンではモスクなどを視察され、ペルセポリス遺跡では有名

世界の王室と初交流した
アジア・アフリカ4ヶ国ご訪問

な人面獣身像もご覧になった。

エチオピアの宮中晩餐会では、おふたりがライオンの刺身を召し上がったという珍しいエピソードを伝える本もある。

インドでは、タージ・マハールをご視察されたほか、ムンバイ郊外では酪農場でできたてのミルクを試飲するなど、精力的に各地を巡られた。ネパールでは、皇太子さまご愛用のカメラを手におふたりで街中を歩かれるなど、各国要人との親善を深めるとともに、人々の暮らしにも関心を寄せられた。

おふたりが親交を結んだ各国の王族だが、その後イランは革命によってイスラム共和制国家となり、エチオピア皇室も1974年の帝政廃止によって終焉。ネパールでも2008年に王制が廃止されており、時代の変化を物語っている。

悲劇の地・マニラの人々の対日感情を変えたフィリピンご訪問

慈愛に満ちたシンデレラ

昭和37年（1962）11月、皇太子さまと美智子さまは、昭和天皇の名代としてフィリピンを親善訪問された。フィリピン建国の父と称えられる初代大統領で、国民的英雄のアギナルド将軍を表敬訪問され、将軍と一緒にバルコニーに立ち市民に手を振られる一幕もあった。93歳の老将軍の手をとって支えるおふたりの姿に、集まった市民は口々にフィリピン式万歳「マブハイ」を唱えた。第二次世界大戦のマニラ市街戦では、市民10万人が犠牲になったともいわれ、当時、日本軍への嫌悪感もくすぶっていた。おふたりのご訪問は、こうした対日感情に変化をあたえたという。

美智子さまが児童養護施設で

子どもを抱き上げた姿が「慈愛に満ちたシンデレラ」として大きく報じられるなどメディアの関心も高く、マニラタイムズは「アキヒト、ミチコは笑顔でフィリピン市民を征服した」とおふたりのご訪問を評している。

祝賀会で美智子さまは、戦時中に片目片腕を失ったエステリータ・フーコさんの経緯を聞いて涙を流された。その後、美智子さまは皇室の客人としてフーコさんの日本留学を取り計らった。フーコさんは日本に強い反感を持っていたが、美智子さまとの交流により対日観を変化させた。後に下院議員も務めた彼女がフィリピン国民の対日感情に果たした役割は小さくないといわれる。平成28年（2016）1月、天皇・皇后となられたおふたりは54年ぶりにフィリピンをご訪問されている。

昭和37年（1962）、フィリピンの首都マニラの児童養護施設をご訪問し、鶴を折る美智子さま。笑顔で子どもたちと接する美智子さまを現地メディアは「慈愛に満ちたシンデレラ」と評した。

昭和53年（1978）、11年ぶりに再会した美智子さまと小児まひの少女だった芹口百合子さん。11年前には寝たきりだった芹口さんの成長と回復に美智子さまは涙した。

8万人の日系人が熱狂的に歓迎したブラジルご訪問

小児まひの日系女児との交流

昭和42年（1967）5月、皇太子さまと美智子さまは、南米のペルー、アルゼンチン、ブラジルの3ヶ国への初の公式訪問に向かわれた。南米は戦前、多くの日本人が移住したゆかりの深い地域で、南米でもとりわけ多くの日系人が暮らすブラジルでは、各地で熱狂的な歓迎を受けられている。

サンパウロで開かれた歓迎式典には8万人もの日系人が集まり、式典が進行するにつれ、「ほほえみ、緊張、むせび泣きの波は、まるで申し合わせたかのように、同時に」会場全体に伝わっていったとパウリスタ新聞（後のニッケイ新聞）は伝えている。

ブラジルでは、美智子さまとひとりの日系の女の子との間にあたたかい交流の物語が生まれている。ご訪問で病院を視察された美智子さまは、小児まひを患う芹口百合子さんという当時10歳の女の子とお言葉を交わされた。

芹口さんは「はやくよくなって、日本にいらっしゃい」という美智子さまのお言葉と、その後も大使館を通じて送られるあたたかいメッセージを励みに手術とリハビリを続けた。

それから11年後の昭和53年（1978）にはブラジルの日本移民70周年にあたって再び招待があり、おふたりは2週間ほどかけてブラジルと隣国パラグアイをご訪問された。二度目のブラジルご訪問で、美智子さまは歩くことができるまでに回復した芹口さんと再会される。その姿をご覧になり「ずいぶん頑張ったのね」と涙を流して喜ばれたのだった。

日中2000年の歴史上初となる中国ご訪問

20万人の市民が迎えた初の訪中

中国の歴史書『後漢書《ごかんじょ》』に倭国王の記述があるように、日中間の交流には２０００年あるいはそれ以上の長い歴史がある。平成４年（１９９２）10月、歴史上初めての天皇の中国ご訪問が実現した。直前の山形県のべにばな国体では、開会式に出席された天皇皇后両陛下に向けて、発煙筒が投げ込まれる事件もあった中での訪中だった。

10月23日、楊国家主席の歓迎を受けた両陛下は、公式晩餐会で「私どもの貴国訪問が（中略）お互いによき隣人として将来に向かって歩む契機となれば誠に喜ばしく思います」とお言葉を述べられ、日中戦争を「我が国が中国国民に対し多大の苦難を与えた不幸な一時期」と表現した上で、その時代を深い悲しみの時期とするお気持ちを伝えた。

翌日からの市内視察で、美智子さまは現地の幼稚園を訪問され、中国の子どもたちとのふれあいの時間を持たれている。美智子さまが子どもたちと手をつないで施設を見学する場面もあり、後に侍従長になった渡邉允さんは、こうしたほほえましい場面が報道されることで、中国国内の雰囲気が変化していったと回想している。

最後のご訪問先である上海では、大勢の市民が沿道に立って両陛下を歓迎した。視察先に選ばれた大学には「熱烈歓迎」の横断幕が掲げられ、両陛下は学生たちから「テニスコートの恋」について質問されるなど軽快なやりとりも交わされた。

最終的に沿道の市民は20万人を超えたといわれ、両陛下を乗せた車が走ると大きな拍手がわき起こった。

平成4年（1992）、北京市長の案内で北京市郊外の八達嶺の万里の長城を見学される天皇皇后両陛下。日本と中国の長い交流の歴史の中で、天皇と皇后の訪問は初めてのことだった。

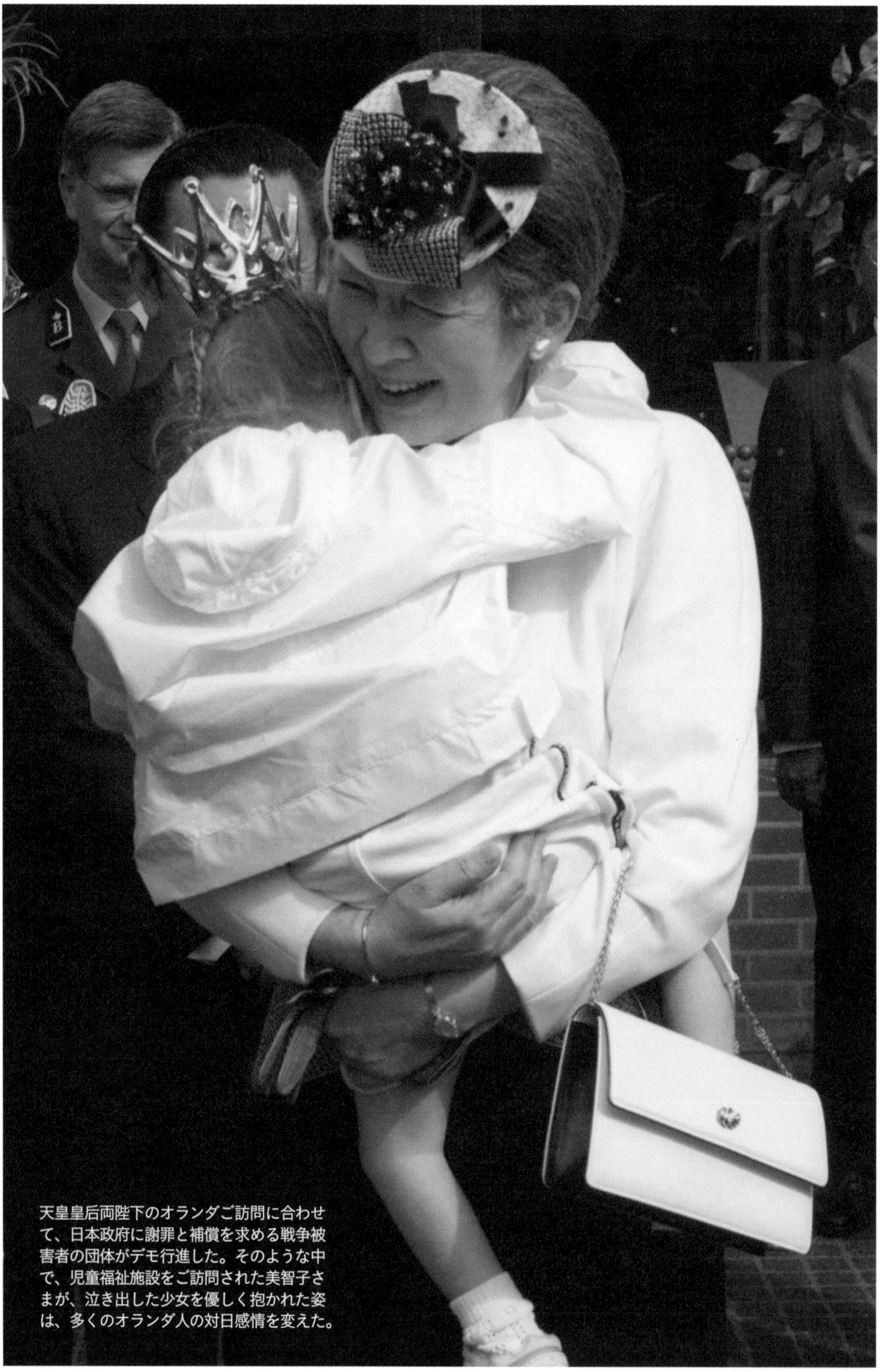

天皇皇后両陛下のオランダご訪問に合わせて、日本政府に謝罪と補償を求める戦争被害者の団体がデモ行進した。そのような中で、児童福祉施設をご訪問された美智子さまが、泣き出した少女を優しく抱かれた姿は、多くのオランダ人の対日感情を変えた。

抗議デモまであった対日感情を変えたオランダご訪問

オランダ国民が見た両陛下の祈り

平成12年（2000）の天皇皇后両陛下のオランダご訪問は皇室外交の中でも特筆すべきことだった。第二次大戦中に日本軍の捕虜となったオランダの元将兵や、収容所に抑留された民間人は10万人以上になり、両陛下のご訪問時には当時を記憶する人も多く、国内は必ずしも歓迎ムード一色というわけではなかった。さらに現地では、到着した両陛下に対して抑留被害者や元捕虜たちによる抗議のデモも行われていたのである。

そうした緊張感を伴う空気の中、両陛下はオランダ王宮前の戦没者記念碑に花輪を供えられた。供花に続いておふたりは1分間の黙とうを捧げられたが、それは身じろぎひとつしない誠心誠意の慰霊のお姿だった。一連の模様はオランダ全土に生中継され、真摯な姿勢はオランダ国民のこころを揺さぶった。

翌日、ご訪問先の児童福祉施設で美智子さまがひとりの女の子を優しく抱きしめるという一幕があった。この女の子は両陛下をお迎えするのを楽しみにしていたのだが、張り切りすぎて本番直前に疲れて眠り込んでしまい、目を覚ましてから泣き出してしまったのだ。すると美智子さまは泣きじゃくる女の子をあやすように、しっかりと抱きしめられたのである。

この写真は翌日の主要紙の一面を飾り、オランダの人々に美智子さまの人柄が知れ渡っていった。都合4日間のご訪問を契機にオランダの人々の対日感情は大きく変化したといわれる。国民の日本人への気持ちが「よそよそしさから親愛へと転換した」と語ったオランダ要人もいたという。

王太子妃への気遣いで関係を深めたノルウェーご訪問

ノルウェー国民が驚いた王室の交流

日本・ノルウェー国交樹立100周年にあたって実現した平成17年（2005）のノルウェー公式訪問は、天皇皇后両陛下にとって昭和60年（1985）以来20年ぶり二度目のご訪問となった。

ノルウェーは20世紀に入ってから誕生した比較的新しい王国で、初代国王ホーコン7世が即位したのは1905年。現在のハラルド5世は3代目の国王となるが、天皇陛下はノルウェーの3代の国王すべてとお会いになったことがあり、ご訪問中にこのエピソードが披露されるとノルウェーの人々から驚きの声があがったという。またハラルド5世は1968年に民間人のソニア・ハーラルセンさんと反対意見がある中で結婚したが、その際、美智子さまの皇室入りを参考にしたといわれる。

5月10日、両陛下がオスロに到着すると、王宮広場前で歓迎式典が執り行われた。ところがこの日はあいにくの大雨。だんだん雹《ひょう》まで混じりはじめるという天候の中で式典が進行していった。この時、美智子さまが隣に立つメッテ・マーリット王太子妃をかばうようにそっと手を差し伸べる姿がテレビに映し出された。

この時期、王太子妃はご懐妊中で、美智子さまは土砂降りの雨に濡れる王太子妃の体調を気遣われたのである。この様子はノルウェーの人々にもたいへん好意的に受け止められ、日本の皇室に親しみを持つ人が増えたといわれる。ご訪問中にはトロンハイム市内を流れる川をボートで遊覧され、出迎えた市民に船上から笑顔で応えられる場面も話題になった。

雹が激しく降る中で行われた歓迎式典で、美智子さまは妊娠されているメッテ・マーリット王太子妃を気遣われた。慈愛ある美智子さまの行動は、多くのノルウェー国民のこころを打った。

ベルギーのブリュッセルにあるサンミシェル大聖堂でファビオラ元王妃の国葬に参列された美智子さま。最高位の賓客として礼遇され、棺に最も近い席にお着きになり、終生の友との最後の別れを惜しまれた。

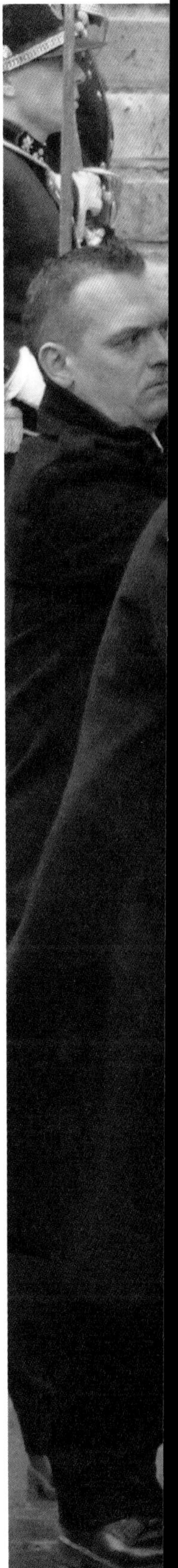

病を押して駆けつけた 終生の友・ベルギー元王妃の国葬

苦楽を共有した間柄

平成26年（2014）12月、美智子さまはベルギーのファビオラ元王妃の葬儀ご参列のため、単独でベルギーをご訪問された。ベルギーのボードワン元国王、ファビオラ元王妃夫妻と天皇皇后両陛下は年も近く、半世紀以上にわたって親交を深められてきた間柄だった。現在、世界に30ほどある王室の中でも、ベルギー王室は皇室と最も親しい王室といえるのだ。

86歳の生涯を閉じたファビオラ元王妃のために、美智子さまは11日に羽田空港を発ち、12日の国葬当日夜に帰路、13日にご帰国という1泊3日の強行日程でのご参列を決行された。この頃美智子さまは、頸椎症性神経根症を患っていたが、病を押して列席されたのである。

元王妃は児童文学者でもあり、同じく児童文学に深い造詣をお持ちの美智子さまとはいわば「同好の士」。また元王妃も異常妊娠を経験していたこともあり、美智子さまとはお互いに共感し理解し合える「終生の友」だったのである。子どもに恵まれなかったファビオラ元王妃は、皇太子さまをはじめ3人のお子さまに愛情を注いで交流したという話も伝わる。

ベルギーに到着された美智子さまは、葬儀の前、棺が安置されたブリュッセル王宮でフィリップ国王夫妻と3人だけで元王妃とのお別れの時間を過ごされている。これはフィリップ国王の「私たち3人が一緒にいることを、元王妃は喜ぶと思うので」という特段の取り計らいによるものだった。ベルギー王室にとってもまた美智子さまは特別な存在だったのである。

第7章

天皇皇后両陛下が築かれた
被災地訪問と慰霊の旅

いわゆる「平成流」といわれる
天皇皇后両陛下の被災地への慰問、
そして先の大戦の戦地への慰霊の旅。
ここには両陛下の皇室のあり方への思いと
国民に対するおこころが込められている。
これまでの被災地慰問と慰霊の旅を
振り返ってみよう。

天皇皇后両陛下は東日本大震災発生から約1ヶ月半後の平成23年（2011）4月27日に宮城県南三陸町をご訪問。がれきが残る町に黙とうを捧げられた。今日では当たり前となっている被災地への天皇・皇后による慰問は平成からはじまったものである。

国民が目にした「平成流」皇室

雲仙・普賢岳の噴火は、時代が昭和から平成に変わって最初に起こった大規模災害だった。

平成2年（1990）の秋頃から活動を活発化させていた雲仙・普賢岳は、平成3年（1991）6月3日に大規模な火砕流を発生させ、取材に当たっていた報道陣や消防・警察関係者など43人が犠牲になる大惨事を引き起こした。

被災から約1ヶ月後の7月10日、雲仙・普賢岳がいまだ噴煙を上げ続ける中、天皇皇后両陛下はヘリコプターで長崎県島原市入りされる。皇太子時代にもたびたび被災地をご訪問されていたおふたりだが、天皇・皇后となられてからは初となる慰問である。さらに被災地の負担を

長崎県島原市

「平成流」の原点となった慰問

初の被災地訪問となった雲仙・普賢岳

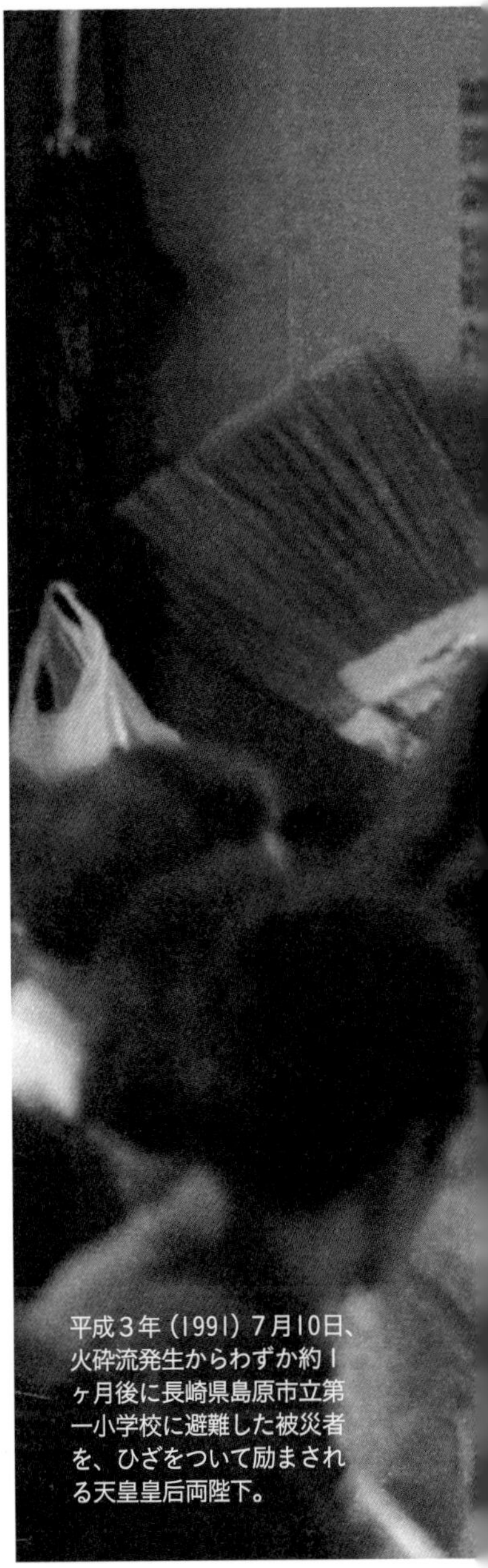
平成3年（1991）7月10日、火砕流発生からわずか約1ヶ月後に長崎県島原市立第一小学校に避難した被災者を、ひざをついて励まされる天皇皇后両陛下。

生きていてくれて
ありがとう。

平成3年（1991）7月10日、被災者に

考慮する両陛下のお気持ちによって、ご慰問は長崎─東京間を日帰りというハードスケジュールになっていた。

多くの被災者が身を寄せていた島原市立総合体育館にあがった両陛下は、用意されたスリッパも履かず、靴下のままで被災者に近づかれた。そして、ひざをついて被災者と目線を合わせてお声をかけはじめた。当時の島原市長や県の関係者は、その光景に一瞬声を失うほど驚いたといわれる。天皇・皇后が国民の前にひざをつく姿など、昭和の時代以前には想像もできないことだったのだ。

一部の保守系論者からは異論も出されたが、大多数の国民は両陛下の姿勢を圧倒的に支持し、感動を共有した。これ以降、各地の被災地ご訪問で両陛下は常に同じスタイルを貫かれた。

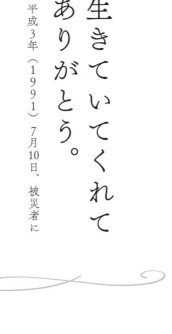

東京都小笠原村

自衛隊機での片道1200キロの旅路
失声症回復途中に行われた硫黄島での献水

失声症の中での慰霊への強い思い

平成5年（1993）10月に声を失われ、いまだ回復のめども立たない平成6年（1994）2月12日、美智子さまは天皇陛下とともに太平洋戦争の激戦地、小笠原諸島硫黄島への慰霊の旅に出発された。6月に予定されたアメリカご訪問の前に、日本軍約2万人、アメリカ軍約7000人、島民数十人が命を失った硫黄島での慰霊を実現させたいお気持ちがあったのだという。離島という地理的条件から、この旅では天皇皇后両陛下の乗り物として初めて自衛隊のC-1輸送機が利用された。

硫黄島に降り立たれたおふたりの服装は黒をベースにしたもので、鈴木俊一都知事から遺骨収集の状況などについて説明を受けた後、両陛下は天山慰霊碑に菊花を供え、ひしゃくで水をかけられた。「水がほしい」と訴えて亡くなっていった兵たちへの慰霊の献水である。

この日、東京は数十年ぶりという大雪が降ったが、一方の硫黄島は30度近い気温になった。激しい温度差に美智子さまの体調が心配されたが、気丈に天皇陛下とともに慰霊を全うされた。翌日には、小笠原の父島をご訪問。皇室のご訪問は昭和2年（1927）の昭和天皇以来67年ぶりのことである。

島では小学生によるアオウミガメの放流を見学されたが、この時、美智子さまが子どもたちに「カメは何匹いるの?」「次の波でカメは海に帰れるのね」と話しかけられる場面があった。ささやくような小さな声だったともいわれるが、側近たちは「お言葉回復」への強い確信を抱いたという。

慰霊地は今安らかに
水をたたふ
如何ばかり君ら
水を欲《ほ》りけむ

平成6年（1994）の硫黄島を詠んだ御歌

自衛隊機で硫黄島航空基地に到着した天皇皇后両陛下は、日本軍約2万人、アメリカ軍約7000人、島民数十人を慰霊する「鎮魂の丘」の碑に献水された。硫黄島の将兵たちは灼熱の地下壕の中をわずかな水で耐えた。

震災発生2週間後に被災地をご訪問

平成7年（1995）1月17日、関西地方に激甚な被害と6000人を超える犠牲者をもたらした阪神・淡路大震災。天皇皇后両陛下は地震の初報にふれて「一刻も早く被災者を励ましたい」という強いお気持ちを周囲に伝えられ、地震発生から2週間という早さで現地を慰問された。

阪神・淡路大震災での美智子さまのお気持ちを象徴するのが「17輪の水仙」のエピソードだ。地震とその後の火災で壊滅してしまった兵庫県神戸市の菅原市場を訪れた時、美智子さまは携えた箱からひと束の水仙の花を取り出し、がれきの上にそっと手向けて黙とうを捧げられた。

水仙は、この朝に美智子さま

兵庫県神戸市

日本中が感動した美智子さまお手摘みの花束
阪神・淡路大震災の永遠の水仙

言語に絶する災害の場で、
被災者により示された
健気な対応と相互への思いやりに、
深くこころを打たれました。

平成7年（1995）、61歳のお誕生日に際して

が吹上御所の庭で手ずから摘み取られたものだった。水仙には「希望の象徴」という意味もあり、17輪という数は1月17日を忘れない、という意味を込められたのではないかともいわれる。目の前で示された美智子さまのお気持ちに、案内を務めていた市や県の職員も涙を流して感動したという。

後日、この水仙は「美智子さまからいただいた花束を枯らしてはいけない」という地域の人々の思いから特別な加工を施され、現在も神戸市の布引ハーブ園に「永遠の水仙」として保存されている。

菅原市場は仮設店舗として再スタートを切り、その後は別の商業施設として活用されている。また、跡地の一角は水仙のエピソードを記念した「すがはらすいせん公園」となり、美智子さまの花束を写したレリーフが設置されている。

平成7年（1995）1月31日、その日の朝に皇居の庭で美智子さまがお手摘みした17輪の水仙を被災地に手向けられた。この水仙はその後、「エバーフラワー（ドライフラワー）」として加工され、展示されている。

海外の戦地慰霊への強いお気持ち

終戦60年となる平成17年（2005）、天皇皇后両陛下は長く切望されていたサイパンへの慰霊の旅を実現された。

基本的に皇室の外国訪問は相手国の招待があってから検討されるのが常である。しかし、サイパンご訪問にあたっては、両陛下の強いお気持ちを受けて日本側からアメリカに打診し実現に至ったという経緯がある。ご訪問の目的が通例の国際親善ではなく純粋な「慰霊と平和の祈念」というのも前例のないことだった。

6月27日、現地に到着された両陛下はその日のうちに遺族、元兵士の代表にお会いになり、翌日にはスーサイドクリフ、バンザイクリフのふたつの岬を訪れた。どちらも第二次世界大戦中、日米の激しい戦闘に巻き込まれた多くの民間人が追い詰められ、身を投げて命を落とした場所であり、両陛下は青い海と岸壁に向かって深く頭を下げ、黙とうを捧げられた。

この年のお誕生日に際してのお言葉で、美智子さまは、「サイパンが落ちた時の、周囲の大人たちの動揺は今も記憶にあり」、実際に戦争報道にふれたことのある最年少の世代として、「戦争をより深く体験した年上の方々が次第に少なくなられるにつれ、続く私どもの世代が、戦争と平和につき、さらに考えを深めていかなければならないとの思いを深くしています」と、戦争の記憶を決して風化させてはいけないという強いお気持ちとともに、次世代への記憶の継承について言及されている。

北マリアナ諸島

多数の民間人が身を投げた悲劇の地 サイパン・バンザイクリフでの黙とう

いまはとて
島果ての崖踏みけりし
をみなの足裏《あうら》
思へばかなし

平成17年（2005）のサイパン島を詠んだ御歌

追い詰められた多くの民間人が身を投げたバンザイクリフで黙とうを捧げられる天皇皇后両陛下。サイパンの海岸では、両陛下はマリアナ戦友会代表者から当時の様子を聞かれた。

平成23年（2011）4月27日、宮城野体育館で水仙の花束を美智子さまに渡した被災者。水仙は平成7年（1995）の阪神・淡路大震災で美智子さまが被災地に手向けた花であり、美智子さまと国民との深いつながりがうかがえる。

東北・関東地方

「満身創《そう》痍《い》」でも続けられた被災地お見舞い

7週連続で行われた東日本大震災の慰問

鎮痛剤を飲みながらの7週間の強行軍

平成23年（2011）3月11日、東日本大震災が発生した。それからわずか5日後の3月16日、国民を励ます天皇陛下のビデオメッセージがテレビを通して全国民に届けられた。

天皇皇后両陛下が直接被災者のお見舞いをされたのは3月30日、福島県から290人の被災者が避難した東京都足立区の東京武道館をご訪問されたのが最初で、以後、4月には埼玉県内の避難施設、千葉県の津波被災地、次いで茨城県、宮城県をご訪問、5月に入って岩手県、福島県と7週連続で行われた。

震災当時、天皇陛下は77歳、美智子さまは76歳だったが、ご訪問は自衛隊機、ヘリコプター、マイクロバスを乗り継ぐ強行スケジュールで行い、お食事も各県知事らに被災状況を確認しながら周囲と同じお弁当で済ませるという簡単なものだった。

美智子さまは、震災の半年ほど前に「結膜下出血」が見つかり、公務を一部お休みされるような状態だった。さらに頸椎症性神経根症を患われており、腕を動かすだけでも激痛を感じられるほどの症状だったが、被災地では鎮痛剤を服用し、痛みを隠しながら慰問を続けられていたのである。

4月27日、宮城野体育館（宮城県仙台市）の慰問では、被災者のひとりが水仙を美智子さまに手渡し、「この水仙のように私たちも負けないでがんばります」と話した。美智子さまは「頂戴できますか？」と大事そうに受け取られ、自衛隊基地から東京に戻る際も、この水仙の花束を両手で握りしめていたという。

頂戴できますか？

平成23年（2011）、宮城野体育館で

パラオの悲劇の地への慰霊の旅

天皇陛下が「南洋諸島」への慰霊のお気持ちを最初に示されたのは、終戦50年を迎える平成7年（1995）だった。平成27年（2015）4月8～9日、20年越しの悲願として終戦70年でのご訪問が実現した。

パラオをはじめ「南洋諸島」は戦前日本の委任統治領だった。ご訪問中、天皇皇后両陛下は海上保安庁の巡視船「あきつしま」での船中泊となった。パラオではレメンゲサウ大統領のほか、隣国のミクロネシア、マーシャル諸島の大統領にも面会され、ご訪問が叶わなかった両国への強い慰霊の思いを示された。

到着の翌日、両陛下はヘリコプターを使ってペリリュー島に移動。そして真っ先に戦没者慰

パラオ

悲願の2日間に込められたお気持ち
20年越しに実現した パラオへの慰霊の旅

死者は別れた後も
長く共に生きる人々であることを、
改めて深く考えさせられた
1年でした。

平成27年（2015）、81歳のお誕生日に際して

霊碑に向かい、深い黙とうを捧げられた。慰霊碑に手向けられた白菊は、わざわざ日本から携えてきたものだった。その後ペリリュー島と同じく激戦の島となったアンガウル島の方向に向き直り、再び深く頭を下げられている。また、島での戦闘を経験した元陸軍兵や遺族、地元の人々との懇談、オレンジビーチの視察など2日間のハードスケジュールをこなされた。

美智子さまは、この年のお誕生日でのお言葉で、「この世に悲しみを負って生きている人がどれ程多く、その人たちにとり、死者は別れた後も長く共に生きる人々であることを、改めて深く考えさせられた1年でした」と振り返られている。このお言葉には、繰り返し示してこられた「祈る存在」という皇室観がにじみ出ている。

平成27年（2015）4月9日、パラオの西太平洋戦没者の碑に供花される天皇皇后両陛下。このほか、両陛下はアメリカ軍が上陸したペリリュー島オレンジビーチを視察し、アメリカ陸軍第81歩兵師団慰霊碑に供花された。

第8章

人々を魅了した美智子さまのファッション

皇太子さまとのご婚約発表からはじまったミッチー・ブームでは、日本の女性の多くが美智子さまのファッションをお手本にした。さらに1985年、1988年、1990年の3回にわたってニューヨークの国際ベストドレッサー賞を受賞している。お会いする人への気遣いに加え、機能性など、その装いは単なる「おしゃれ」ではない、TPOに合わせたおこころが込められている。

昭和43年（1968）に撮影されたお着物姿の美智子さま。品格ある古典柄や季節の花柄のものが多く、色合いは柔らかで透明感のあるものが選ばれるという。

昭和42年（1967）、ユニバーシアード東京大会の装い。水玉模様、ワンピース、ノースリーブは若き美智子さまの定番だった。ご成婚後の美智子さまの服装は淡い色合いでシンプルな柄のものが多い。

日本中の女性が熱狂した
ミッチー・スタイル

学生時代はずっと制服でしたので、（中略）今は、明るく澄んだ色で着てみたい色がたくさんあります。

昭和57年（1982）、記者会見で

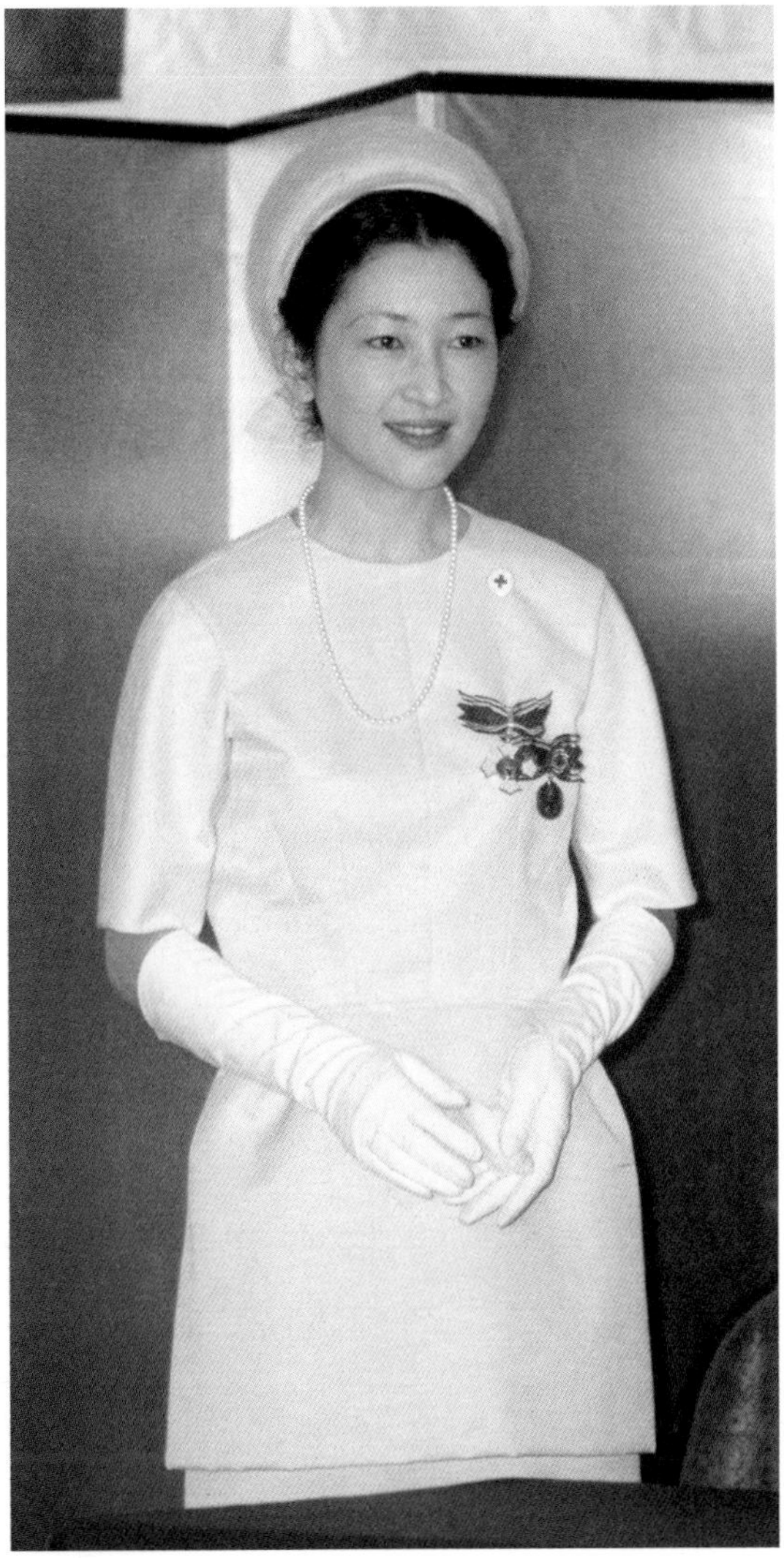

昭和40年（1965）、ナイチンゲール記章授与式に出席された美智子さま。白色は美智子さまの装いのベースとなった。これはほかの皇族に配慮して派手なものを避けるという理由もあった。

学生時代から注目されたファッションセンス

学生時代からの美智子さまのファッションに対する関心を物語るエピソードがある。美智子さまの大学時代の学友だった井出なほさんによると、美智子さまが通われた聖心女子大学では、アメリカの婦人部隊から払い下げられた服を制服にしていた。美智子さまはその制服のウエストを詰め、スカート丈もバランスよく短くした。かたい印象だった制服がすっかりドレッシーに変わったという。

一方、皇室の女性は自由にファッションを楽しめるわけではない。ほかの妃殿下などと出かける時などは、事前に必ずお召し物の打ち合わせを行い、自分より目上の妃殿下よりも派手なものを選ばないことが基本となる。美智子さまのファッションは、白や水色、ピンク、ベージュなど、無地の淡い色合いのものをベースとして、柄や装飾は少なめでシンプルなものが多い。地味な印象となる色合いが多いが、ツイード素材やシャツ襟など、しっかりとしたテイストを取り入れることでエレガントさを印象づけている。

世界の人々が目を見張った お着物姿

昭和42年（1967）10月、33歳の誕生日前に撮影されたお着物姿。美智子さまは着物を注文される際には染め直しや仕立て直しができるか確認されるという。何十年も着ることができるように、物を大切にされる美智子さまのおこころがわかる。

昭和35年（1960）9月、訪米の際、日系人の主催した園遊会に出席された皇太子さまと美智子さま。海外在住の日本人にとって着物は故郷を象徴するものであり、着物での外国訪問には美智子さまの現地邦人へのお気持ちがあった。

日本を長いこと離れている人は、
きっと和服をなつかしいと
お思いでしょうから、
和服を多く着るようにしました。

昭和35年（1960）、訪米前の記者会見で

四季の花で彩られたお着物

今でこそ海外に気軽に行けるようになったが美智子さまの皇太子妃時代は、海外在住の日本人にとって着物は故郷を象徴するものだった。また、相手国から「美智子さまのお召し物はぜひお着物で」というリクエストも多かったという。昭和35年（1960）の皇太子妃として初のアメリカご訪問では、訪ねる相手や場所によってお着物を替えられ、その数は30着以上だったともいわれる。昭和39年（1964）のメキシコご訪問時では、地元紙に「ボニータ（可愛い）」「輝くばかりの白い着物が妃殿下の美しさに調和している」といった記事が並んだ。

美智子さまのお着物の特徴は菊や藤、梅、バラなど四季折々の花を用いたものが多い点である。またお着物は淡い色合いや控えめな柄のものが多い一方、帯は意匠を凝らした豪奢《ごうしゃ》なものが用いられている。この組み合わせの強弱によって上品かつエレガントな印象を与える手法は、洋装と和装の両方に通じる美智子さまのファッションである。

相手国への敬意と配慮
外交ファッション

国というのは、どの国でも必ず優れたところ、魅力のある人々を生み出していますから、私にとって大変に魅力的に思われるものを手がかりとしてその国に入っていくようにしています。

昭和55年（1980）、お誕生日に際して

相手国への気遣いと日本らしさを演出

美智子さまの洋装は、シンプルなツートンカラーが多い。美智子さまの衣服を手がけたファッションデザイナー・滝沢直己さんによると、まず美智子さまからご訪問先の土地柄や目的に合わせて、色、デザイン、素材の要望があり、お気持ちを汲み取ってベストなデザインや素材を提案するという。その国の国旗やナショナルカラーをベースにした装いをされることも多い。さらには、外出の機会は昼と夜のどちらが多いか、など綿密に調べて決められるという。

美智子さまのトレードマークとなっている帽子に「小皿帽」と呼ばれるものがある。これは市瀬廣夫さんによるデザインのもので、「外国の帽子ではなく日本ならではの帽子を考えてほしい」という美智子さまからの要望によって生まれた。市瀬さんは十二単を着る際のおすべらかしの前飾りをイメージして考案したという。洋装の中にも日本らしさを取り入れられる美智子さまの外交センスが光るエピソードといえるだろう。

平成19年（2007）のエストニアご訪問では、エストニアの国旗の青、黒、白の色を用いた装いでご訪問された。バルト三国ご訪問では、各国の国旗の色をベースにした装いをされ、人々から大きな注目を浴びた。

平成19年（2007）のスウェーデンご訪問。公式の場では帽子着用が女性皇族のマナーである。通称「小皿帽」と呼ばれる帽子は美智子さまのオーダーによって考案された。

皇后・上皇后としての正装
ロイヤルファッション

平成27年（2015）、パラオの新聞に掲載された美智子さまのお姿。洋式正装では、ティアラ、勲章と綬、ローブ・デコルテが用いられる。

訪問の準備として学ぶことは、
往々にして日本を更に
深く知ることとつながり、
うれしいことに思います。

平成12年（2000）、オランダ、
スウェーデンご訪問に際しての記者会見

和のテイストを取り入れた洋式の正装

皇室の洋装の正装はローブ・デコルテ（中礼服）、和装の正装は十二単《じゅうにひとえ》（五衣唐衣裳《いつつぎぬからぎぬも》）である。ローブ・デコルテはイブニングドレスの代表的なスタイルで、胸元や背中などが大きく開いた服である。外交の場が多い正装にも、やはり美智子さまのこだわりがある。日本の伝統的な着物のデザインを積極的に取り入れるなど、ここでも日本らしさが演出されている。相手国に対しての気遣いも通常服の場合と同様で、昭和62年（1987）のアメリカ訪問では、ロナルド・レーガン大統領主催のパーティーで日米友好の象徴であるハナミズキを図案化した刺繍がされたドレスを着用している。

さらに正式な場になると、ティアラと勲章が加えられる。ティアラは洋式正装につける宝冠である。勲章は女性皇族しか持つことができない「宝冠大綬《ほうかんだいじゅ》章《しょう》」という勲章で、日本のトップレディの証である。この勲章をつけるために黄色地に2本の赤い線が入った佩《お》び紐《ひも》「綬《じゅ》」を右肩から左にかける。

平成6年（1994）、アメリカのホワイトハウスでの晩餐会会場に移動される美智子さま（左）とヒラリー・クリントン大統領夫人（右）。美智子さまの装いは羽衣のようなケープで、胸元は金色のオリーブの刺繍が施されている。

美智子さま年譜

昭和

年	月日	事項
9年(1934)	10月20日	本郷・東京帝国大学医学部附属医院で誕生
16年(1941)	4月	雙葉小学校入学
20年(1945)	3月	群馬県館林町に疎開、館林南国民学校へ編入
	8月	疎開先(軽井沢)で終戦の玉音放送を聞く
21年(1946)	1月	館林から雙葉小学校に復学
22年(1947)	4月	聖心女子学院中等科入学
25年(1950)	4月	同学院高等科に進学
28年(1953)	4月	聖心女子大学文学部外国語外国文学科に入学
33年(1958)	9月	欧米へ54日間のひとり旅
	11月12日	正田家が婚約を受諾
	11月27日	皇室会議で東宮妃に決定、ホットライン設置
34年(1959)	4月10日	ご成婚
	9月	懐妊が発表される
35年(1960)	2月23日	第一皇子、浩宮さまを出産
	6月	ご一家で新築の東宮御所に引っ越し
	9月	日米修好通商100周年記念式典出席のため、訪米
	11月	イラン、エチオピア、インド、ネパール親善訪問
36年(1961)	1月	ご一家で正田家へ里帰り
37年(1962)	1月	パキスタン、インドネシア親善訪問
	11月	フィリピン親善訪問
38年(1963)	3月4日	二度目の懐妊を発表
	3月22日	人工流産の処置をとる
	4月	葉山御用邸、軽井沢、奥日光で静養
39年(1964)	5月	メキシコ親善訪問
	12月	タイ親善訪問
40年(1965)	11月30日	第二皇子、礼宮さまを出産
42年(1967)	5月	ペルー、アルゼンチン、ブラジル親善訪問
44年(1969)	4月18日	第一皇女、紀宮さまを出産
	10月	肋骨手術のため入院
45年(1970)	5月	祖母・正田きぬさんの告別式に皇太子さまと参列
46年(1971)	6月	アフガニスタン親善訪問
47年(1972)	1月	東武日光駅で青年に襲われるも無事
48年(1973)	5月	オーストラリア、ニュージーランド親善訪問
50年(1975)	7月	沖縄県のひめゆりの塔で火炎瓶を投げつけられる
51年(1976)	6月	ヨルダン、ユーゴスラビア、イギリス親善訪問
53年(1978)	6月	ブラジル、パラグアイ親善訪問
56年(1981)	7月	イギリスのチャールズ皇太子・ダイアナ妃結婚式参列
58年(1983)	3月	ザンビア、タンザニア、ケニア親善訪問
59年(1984)	3月	イギリスで浩宮さま在学中の大学を視察
	4月	ご結婚25周年 銀婚式
60年(1985)	2月	スペイン、アイルランド親善訪問
61年(1986)	3月	子宮筋腫で入院、手術を受ける
	12月	初の歌集『ともしび』を皇太子さまと出版
62年(1987)	10月	アメリカ親善訪問
63年(1988)	5月28日	母・正田富美子さん死去
64年(1989)	1月7日	昭和天皇崩御

平成

元年（1989）	1月8日	改元　皇太子さまの天皇即位により皇后に
	2月24日	昭和天皇の大喪の礼
2年（1990）	6月29日	礼宮さま、川嶋紀子さんとご成婚、秋篠宮家創設
	11月12日	即位礼
	11月22日	大嘗祭
3年（1991）	7月	長崎県の雲仙・普賢岳の被災地お見舞い
	9月	タイ、マレーシア、インドネシアを親善訪問
	10月23日	初孫、眞子さま誕生
4年（1992）	10月	山形県「べにばな国体」に出席、発煙筒事件
		中国親善訪問
5年（1993）	4月	皇后として初の沖縄訪問
	6月9日	皇太子さま、小和田雅子さんとご成婚
	7月	北海道奥尻島の被災地お見舞い
	9月	イタリア、ベルギー、ドイツ親善訪問
	10月20日	赤坂御所で突然倒れ、失声症に
6年（1994）	2月	硫黄島などを訪問
	6月	アメリカ親善訪問
	10月	フランス、スペイン親善訪問
	12月29日	秋篠宮家に佳子さまが誕生
7年（1995）	1月	甲状腺の腺腫の治療
		阪神・淡路大震災の被災地お見舞い
	7月	長崎県、広島県原爆慰霊の旅
9年（1997）	5月	ブラジル、アルゼンチン親善訪問
10年（1998）	9月	国際児童図書評議会にてビデオスピーチ
11年（1999）	6月18日	父・正田英三郎さん死去
12年（2000）	6月16日	香淳皇后崩御
	5月	オランダ、スウェーデン親善訪問
13年（2001）	12月1日	皇太子ご一家に愛子さまが誕生
14年（2002）	9月	国際児童図書評議会創立50周年記念大会にご出席
15年（2003）	1月	天皇陛下が前立腺がんの手術
17年（2005）	5月	ノルウェー親善訪問
	6月	サイパン島を慰霊訪問
	11月15日	紀宮さまが黒田慶樹さんとご結婚
18年（2006）	9月6日	秋篠宮家に悠仁さまが誕生
21年（2009）	4月	ご結婚50周年 金婚式
	7月	カナダ、アメリカ親善訪問
23年（2011）	3月	東日本大震災が発生し、被災地、被災者お見舞い
24年（2012）	2月	天皇陛下が心臓バイパスの手術
	5月	イギリス訪問、エリザベス女王即位60周年
25年（2013）	7月	東日本大震災に伴う被災地訪問
	11月	インド親善訪問
26年（2014）	3月	伊勢神宮参拝（第62回神宮式年遷宮後につき）
	6月	対馬丸犠牲者の慰霊につき沖縄訪問
	7月	東日本大震災復興状況を視察
	12月	8月豪雨による広島の被災地お見舞い
27年（2015）	1月	御弔問のためベルギー訪問
	3月	東日本大震災復興状況の視察のため宮城県を訪問
	4月	パラオに慰霊訪問
	10月	茨城県に関東・東北豪雨による被災地お見舞い

28年（2016）
1月　フィリピン親善訪問
3月　東日本大震災復興状況を視察
5月　熊本地震の被災地お見舞い
8月　天皇陛下のお言葉を公表
29年（2017）
2月　ベトナム親善訪問
10月　九州北部豪雨による福岡県と
大分県の被災地お見舞い
11月　口永良部島噴火の復興状況の視察のため
鹿児島県をご訪問
30年（2018）
9月　平成30年7月豪雨災害による岡山県、愛媛県、
広島県の被災地お見舞い
11月　北海道胆振東部地震の被災地お見舞い
31年（2019）
4月30日　退位礼正殿の儀

令和

元年（2019）
5月1日　改元　皇后から上皇后に
6月　白内障の手術を受ける
9月　乳がんの手術を受ける
2年（2020）
1月　上皇陛下が意識を失われお倒れになる
11月8日　立皇嗣の礼
3年（2021）
7〜9月　東京オリンピック・パラリンピックが開催
10月　秋篠宮眞子さまが小室圭さんと結婚
4年（2022）
7月　右眼の後発白内障の手術を受ける
8月　右ひざ下の静脈に血栓が見つかる
9月　英国女王エリザベス2世陛下崩御に伴い、
チャールズ3世陛下にご弔意をお伝えになる
9月　上皇陛下が白内障及び緑内障の手術を受ける
5年（2023）
5月　新型コロナウイルスで控えていた外出を再開し、
京都府・奈良県をご訪問
8月　長野県軽井沢で静養
10月20日　89歳の誕生日を迎えられる

主な参考文献
別冊宝島2410『美智子さま 81年の歩み』宝島社
別冊宝島2520『美智子さま 皇后という生き方』宝島社
『美智子さま 素敵なご愛用品88の物語』宝島社
『美智子さま 永遠に語り継ぎたい慈愛の言葉』山下晋司 監修　宝島社
『美智子さま 素敵なお言葉 61年の軌跡』山下晋司 監修　宝島社
『天皇家の想い 心に寄り添う珠玉のお言葉』山本晋司 監修　ワニブックス
『素顔の美智子さま 11人が語る知られざるエピソード』つげのり子 著　山下晋司 監修　河出書房新社
『美智子さま いのちの旅 ー未来へー』渡邉みどり 著　講談社
『日本人でよかったと思える 美智子さま38のいい話』渡邉みどり 著　朝日新聞出版
『美智子さま マナーとお言葉の流儀』渡邉みどり 著　こう書房
『天皇家の姫君たち 明治から平成・女性皇族の素顔』渡辺みどり 著　文藝春秋
『昭和の皇室をゆるがせた女性たち』河原敏明 著　講談社
『美智子さまと皇族たち』河原敏明 著　講談社
『美智子さまのおことば 愛の喜び。苦悩の日々』河原敏明 著　講談社
『美智子皇后』河原敏明 著　講談社
『皇后 美智子さま』浜尾 実 著　小学館
『美智子さまの恋文』橋本 明 著　新潮社
『美智子皇后から雅子さまへ はるかなる愛と茨の道』松崎敏弥 著　三心堂出版社
『日本の皇室事典』松崎敏弥・小野 満 著　主婦の友社
『美智子さま その勁き声』工藤美代子 著　毎日新聞出版
『皇后四代 明治から平成まで』保阪正康 著　中央公論新社
『天皇家の人々 皇室のすべてがわかる本』神 一行 著　角川書店
『新天皇家の自画像 記者会見全記録』薗部英一 編　文藝春秋
『日本が震えた皇室の肉声 皇族・側近はこんなに「文藝春秋」を語っていた』文藝春秋
『美智子さま 愛と慈しみの40年』主婦と生活社
『皇后美智子さま「愛と慈しみ」の40年』『女性自身』編集部 著　光文社
『天皇陛下 皇后美智子さまご結婚50年のあゆみ』毎日新聞社 編　毎日新聞社
『日本の天皇 国難と天皇の歴史』徳間書店
『入江相政日記 第六巻』入江相政 著　朝日新聞社
『あゆみ 皇后陛下お言葉集 改訂新版』宮内庁侍従職 監修　海竜社
『美智子さまと清子さま 平成の皇室を支えた母娘の愛情物語』高清水有子 著　ブックマン社
『天皇・皇室事件史データファイル 別冊歴史読本 』新人物往来社
宮内庁ホームページ

参考雑誌
一個人／皇室 Our Imperial Family／SAPIO／サンデー毎日／週刊朝日／週刊現代／週刊女性
／週刊新潮／週刊文春／女性自身／女性セブン／新潮45／微笑／婦人画報／文藝春秋

写真提供
朝日新聞社／毎日新聞社／産経新聞社／共同通信社／アフロ／ロイター／AFP／宮内庁／正田家

編集・執筆協力／青木 康（杜出版株式会社）
装丁／鈴木成一デザイン室
本文デザイン＆DTP／中山詳子＋渡部敦人（松本中山事務所）

※本書は、小社より刊行した別冊宝島2410号『美智子さま 81年の歩み』（2015年12月）と別冊宝島2520号『美智子さま 皇后という生き方』（2016年12月）を加筆・修正し、再編集したものです。

美智子さま
昭和・平成・令和 89年の歩み

2023年12月29日　第1刷発行

編者　別冊宝島編集部
発行人　蓮見清一
発行所　株式会社宝島社
〒102-8388
東京都千代田区一番町25番地
電話：（営業）03-3234-4621
（編集）03-3239-0927
https://tkj.jp
印刷・製本　中央精版印刷株式会社

ISBN 978-4-299-04930-8